得する家事

家事えもんと仲間たち「みんな得する家事ワザ」大全集

BEST SLECTION

得する家事

番組に寄せられた視聴者のみなさまの声
反響の多かったベストセレクション！

手打ちパスタがおうちの食卓に、
家事えもんの実力満載レシピ。

✧ BEST SLECTION ✧

パスタが大好物のわが家、手打ちが超カンタンに。

パスタは外ごはんが多いんですが、うちで作ってみたら、手打ちも意外とカンタン。ケチャップとプチトマト、ベーコンとにんにくの簡単トマトソース風で作ったら、大好評でした。

▶ 詳細はP.106へ

ザルで大根の面取り!?
すっごい発想の得ワザですね。

◇ BEST SLECTION ◇

この方法を知ってから、大根の煮物、よく作ります。

大根の面取り、もっと早くにこの方法を知ってたら、と思うほど、ハマってます。一本丸ごと買うことが多くなりました。家計にも得ワザですが、ザルの洗い物が増えるのが玉にキズです。

▶ 詳細はP.161へ

水道の蛇口まわりの凹凸、汚れにこのテがあったか!

水道の蛇口、うちのは浄水器と一体型で、細かい凹凸に雑巾が入らず、お手上げ状態でした。そうかあ、ストッキングというテがあったんですね。クエン酸とのコンビもさすが家事えもんです。

▶ 詳細はP.046へ

秘密道具のストッキング、
捨てる前のリユースがいいね。
クエン酸

◇ BEST SLECTION ◇

タオルハンガーで、洗濯物の乾きを早くする、スグレワザ。

洗濯物を干すのに、針金ハンガーはよく使ってますが、それにタオルを巻いて吸水と風通しを良くする、これは目からウロコのワザでした。梅雨の季節にも活躍しそうですね。

Tシャツも表側と背の方が
くっつかず、すぐ乾いて◎。

◇ BEST SLECTION ◇

▶ 詳細はP.074へ

にんにくの皮むき、ビンを
使って、思い切り振ると……。

◇ BEST SLECTION ◇

にんにくの皮がポロッと。臭いがつかないのもいい。

番組では同じ大きさのボウル2つを重ねて、激しく振るように紹介してましたが、同じ大きさのボウルがないので、ビンで試してみました。どうかな、と思ったら、皮がポロッとはがれました。

▶ 詳細はP.157へ

小松菜で可愛いひと口ずし、家族で大好きになりました。

小松菜や葉もの野菜、栄養価が高いからもっと食べた方がいいって親にも言われてましたが、なかなかレパートリーが広がらなくて。この小松菜ずしの発想、ほかの野菜でも使えそうですね。

パーティー料理やお弁当にも
うってつけの小松菜ずし。

✧ BEST SLECTION ✧

▶詳細はP.094へ

紙コップと靴の箱なら家にもあるのでさっそく。

ソックスって、きょうあれ履こう、と思って探しても、なかなか見つからず、いつもぐしゃぐしゃ状態になってました。これは使える！　とさっそく整理しました。やるね、オネエもんズ！

ソックスを探す手間も省ける
おしゃれ収納、さすがのワザ。

✧ BEST SLECTION ✧

▶詳細はP.062へ

油揚げでフライを作っちゃう、
ノンフライで体にもよさそう。
✧ BEST SLECTION ✧

じゃがいもとサケで具を作り、あとは油揚げに入れるだけ。

揚げものをうちで作るの、つい面倒で出来合いのものを買ってきてました。この油揚げを使ったトースターで焼くクリームサーモンフライ、作ってみたらおいしさも本格派でした。

▶ 詳細はP.102へ

キッチンペーパーが便利、エタノールも常備しました。

お風呂場のそうじ、天井まで気がいきませんでした。カビが繁殖する盲点の場所なんですね。キッチンペーパーのモップとエタノールを用意して、せっせと天井拭いてます。

▶ 詳細はP.042へ

こまめにエタノールで拭いて
カビの心配なしのバスルーム。
エタノール
✧ BEST SLECTION ✧

優秀グッズ、眼鏡クロスと
セスキ炭酸ソーダ水。
セスキ炭酸ソーダ水
◇ BEST SLECTION ◇

トイレの壁の汚れには ずっと手こずってました。

トイレの壁紙に染み付いた汚れ、なかなか落ちなくて、これはもう壁紙を張り替えるしかないか、というところまできてました。2つの組み合わせで、思ってた以上にきれいになりました。

▶詳細はP.032へ

こんなに濃厚クリーミーな目玉焼き、はじめてです。

これまで目玉焼きはフライパンに割った卵を落として、お水を入れて蒸し焼きしてました。いつもの焼き方をザルで水分とって、フライパンの油に塩を振る調味にかえただけで、超美味！

▶詳細はP.144へ

高級ホテルの朝食のような
目玉焼きが家で作れる極めワザ。
◇ BEST SLECTION ◇

汚れがみるみる取れていく、ラップで溶剤を閉じ込める方法。

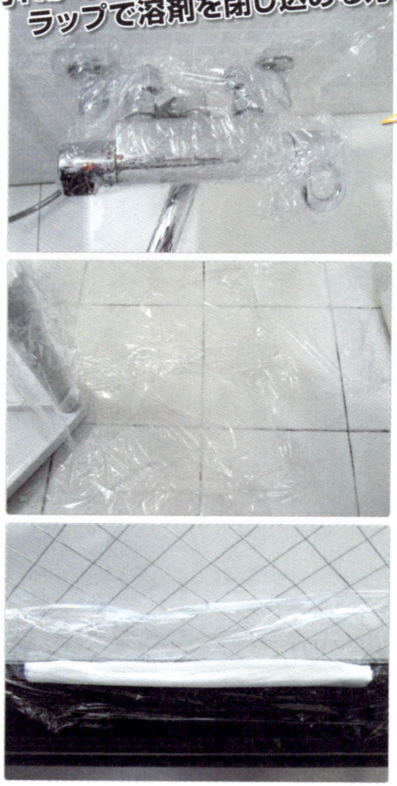
◇ BEST SLECTION ◇

ラップでパックする要領で、溶剤の蒸発を防ぐんですね。

しつこい汚れを取るのに、その場所に溶剤を吹きかけたり、塗ったりした後、時間を少しおくことはしてましたが、ラップを上からピタッと貼って、しばらくそのままに。驚きの家事ワザです。

▶ 詳細はP.024ほか

クエン酸水
クエン酸

セスキ炭酸ソーダ水

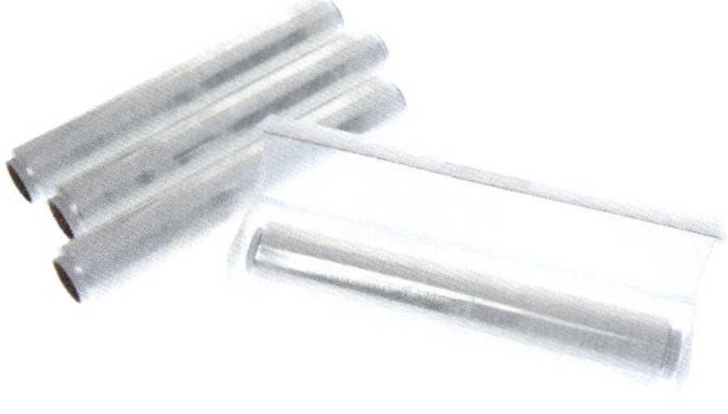

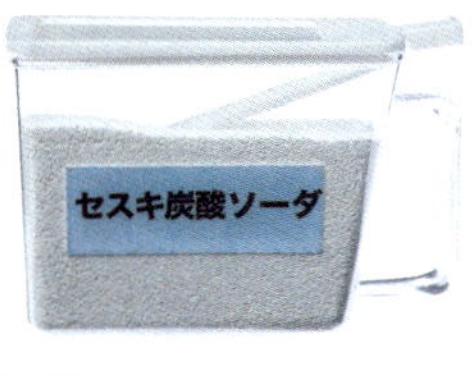
セスキ炭酸ソーダ

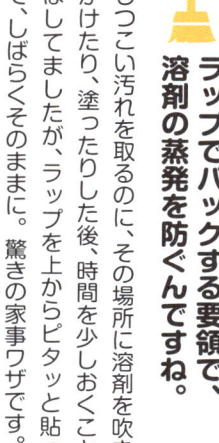

グラスのくもり、特別な
クロスがなくてもピカピカに。
✧ BEST SLECTION ✧

グラス磨きにこんな方法があったとは。さすが！です。

ワイングラスやお高めグラス、使わずにしまっておいて出してみると、真っ白にくもり、アレアレ？ 洗ってしまったのに、水アカが原因なんですね。ラップと重曹のかけ算ワザ、お見事です。

▶ 詳細はP.052へ

「だまされたと思って作って」友だちにも教えています。

スプーンを口に運んで、舌で味わった瞬間、びっくり！「何、これ、クッキーなんて入ってないのに、このクリスピーな食感、いったい何なの？」まさにこれぞ、感動の一瞬です。お試しあれ。

▶ 詳細はP.143へ

クッキーの食感、
かぼちゃの皮って、ホント？
✧ BEST SLECTION ✧

得損ヒーローズメンバーはこんな人！

ヒーローズ001

家事えもん

kajiemon

「家事」のジャンルに躍り出た、笑顔のカリスマ

自宅には用途に合わせた洗剤、なんと100種類、スポンジ30種以上を常備。掃除能力検定士5級、ジュニア洗濯ソムリエの資格まで持つ家事万能芸人、松橋周太呂。秘密道具を使って〝笑いよりも汚れを取る〟家事型ロボット！として大活躍。料理ではこんな掛け合わせあり？の意表をつく組み合わせで「かけ算レシピ」、時短と美味を極めています。

ヒーローズ007

サイゲン大介

saigen daisuke

神の舌であらゆるお店の味を再現！

自らの舌を武器に料理の味を完璧に再現してしまう「神の舌を持つ男」、お笑いコンビ「うしろシティ」の阿諏訪泰義。お笑い賞レースではファイナリストの常連で、人気実力ともに今注目の若手芸人、実は和食の店で6年修業していたという、元プロの料理人でもあったのです。家には世界中から集めた100種類を超える調味料をストック。

ヒーローズ006

バタコやん

batakoyan

本格パンを短時間で作るパンのスペシャリスト

お笑いコンビ「シンクロック」で今、メキメキ人気上昇中の吉田結衣。実は、パンの技能・歴史・知識を幅広く持った人に与えられるパンシェルジュ2級の資格を持っています。身近にある食材を使って、手間のかかるピザやクロワッサンをサクッと作れるスピードパンが得意。こねや寝かしなどハードルが高いパン作り、材料少なく、洗いものの手間も省く時短レシピ！

ヒーローズ004

オネえもんズ

oneemon's

収納スペースをおしゃれに変身させるヒーロー

双子タレント広海 深海、2人は秘密道具で収納の悩みを解決する双子型ロボット。ファッション専門学校の講師を務め、タレントやモデルのクローゼットをおしゃれに変身させるクローゼットスタイリストとしても活躍中。カラーボックスやファイルスタンド、クリアファイルケース、すのこなど、グッズを駆使した「かけ算収納」のスペシャル技でスッキリ。

ヒーローズ005

肉えもん

nikuemon

肉のことならおまかせ。肉のスペシャリスト

ピン芸人の、その名も安本精肉。芸人になる前に4年間スーパーの社員として精肉コーナーで肉をさばき続けた肉のスペシャリスト。家計のお助け食材、安いお肉の代名詞「鶏のむね肉」、パサパサしがちな、この肉をフワフワの食感に大変身させるひとワザに、番組ゲストも大絶賛。お肉のプロ、現在はコールセンターでバイト中なんだとか。

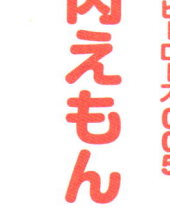

あのニュースで得する人損

ヒーローズ008
タマミちゃん

tamamichan

いつもの卵をよりおいしくする卵のスペシャリスト

司会業やイベントのリポーターとして活動中のタレント、友加里ちゃん。調理師、卵の知識が豊富な人に与えられる「三ツ星タマリエ」の資格を持っている卵LOVEの女子。番組では「高級ホテルの朝食の目玉焼き」と、卵を冷凍して作る「究極の卵かけごはん」のワザを公開。卵を濃厚クリーミーに仕上げるひと工夫、いつもの卵が何倍もおいしくなります。

あのニュースで得する人損

ヒーローズ002
リフォーマン

reforman

何でもおしゃれにリフォームしてしまうヒーロー

お笑いコンビ「バッドボーイズ」ツッコミ担当の佐田正樹。ゴールデンのお茶の間には不似合いな、ちょっとコワそうな外見ながら、何を隠そう、DIYが得意中の得意！ 家中の、プランターや家具、何から何までみんな手作り。おしゃれ度もハンパじゃない、完成度です。タオルやスポンジを使った、目からウロコのリフォームグッズワザも必見。

あのニュースで得する人損する人

はじめに

あなたも得する人になれる！
料理、そうじ、収納、暮らしで得する情報を
とにかく楽しくお届けする情報バラエティ番組
「あのニュースで得する人 損する人」。
番組MC（進行役）はフットボールアワーの
後藤輝基と羽鳥慎一。
毎回、家事のジャンルをベースに、
坂上忍と子どもたちで実際に検証し
得か損かのジャッジをくだす、
「あのお役立ちテクって得ワザ？ 損ワザ？」、
人気絶頂の家事えもんが芸能人の自宅に訪問、
そうじや料理のお困り家事を見事解決する

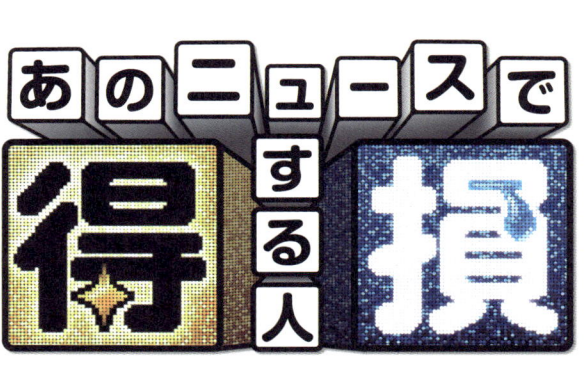

「出張！家事えもん」、
有名店の味を家にある材料で再現する
「サイゲン大介のあの味を再現！」
といったコーナー展開で
得する家事ワザが続々登場。
すぐに役立つ情報はメモ帳とペンが必須です。
得損ヒーローズの豪華メンバー、
家事えもん、サイゲン大介、バタコやん、
オネえもんズ、肉えもん、タマミちゃん、
リフォーマンが番組で披露した得ワザが一冊に。
そうじ、片付け・収納、洗濯、料理、
めんどくさい家事のことは、
ぜーんぶ「得損」にまかせてください！

CONTENTS

秘密道具で家中をピカピカにおそうじ

秘密道具でスッキリ片付け・収納

コラム

CONTENTS

秘密道具で服もきれいにお洗濯

秘密道具で簡単おいしい料理レシピ

コラム

スピードアップ! おいしさアップ! の料理ワザ

コラム

知って楽しい！ 使って便利！ な料理ネタ

CONTENTS

秘密道具で家中をピカピカにおそうじ

おそうじといえば家事えもんの出番！どこの家にもあるものや簡単に手に入るもので、家中ピカピカ。それをキープするワザも伝授！

塩素系漂白剤と片栗粉とラップの合わせ技

お風呂場の
しつこいカビを撃退!

家事えもん
kajiemon

秘密道具

{ 塩素系漂白剤と片栗粉 }

塩素系漂白剤は、普段キッチンで台拭きやまな板などを漂白・除菌する際に使用するもの。泡タイプのカビ取り剤よりも漂白効果が強いが、液体なので流れ落ちやすいのが難点。そこで片栗粉を混ぜると、のり状になり、長時間カビにとどまることが可能になる。

手順

① ゴム手袋をし、容器に片栗粉を入れる。片栗粉とほぼ同量の塩素系漂白剤を入れ、よくかき混ぜる。粘りが出るまでかき混ぜたら、カビ取り液の完成。

●直接肌に触れないよう、ゴム手袋などを着用して使用。
●目に入らないように気をつける。
●素材によっては変色する場合もあるので、まずは部分的に試す。

② 洗い桶、タイルの溝など、カビがついている部分に、直接カビ取り液を塗る。乾燥を防ぐためにラップをかぶせ、20分間放置する。

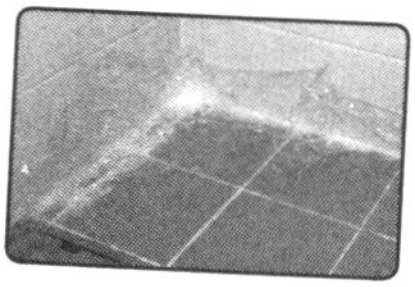

カビ取り液の乾燥を防ぎ、効果をアップ！

③ 水でしっかりすすぐ。排水口に流れた後もちょっと多めの水で流す。

お湯ですすぐと、片栗粉が固まるので、必ず水で。

洗剤やカビ取り剤は、泡にするための成分が入っています。塩素系漂白剤は泡が入っているものより、漂白する能力やカビを倒す力が強く、そのパワーを有効に使える方法です。一度で落ちない場合は、何度も繰り返せばさらに効果てきめんです。

家事えもん
kajiemon

どこの家の台所にもあるものが大活躍

窓枠のゴムに発生した黒カビを初期で撃退！

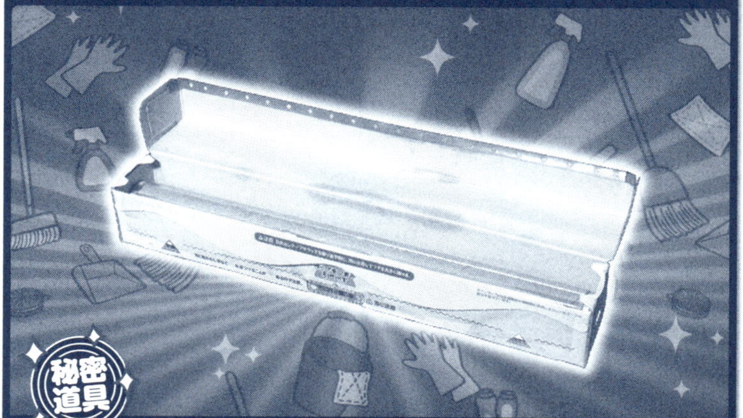

秘密道具

{ キッチンペーパー・ラップ }

キッチンペーパーにカビ取り剤を染み込ませることで、吹きかけただけでは液がたまらない細い窓枠にもカビ取り剤を行き渡らせることができる。しかも液だれの心配もいらない。ラップと組み合わせて使えば効果アップ！

手順

① キッチンペーパーは縦3等分ほどに切り、細く丸める。

② カビ取り剤をスーパーなどで魚や肉などについているトレーに少量移す。

ゴム手袋などを使用する。

③ カビ取り剤を丸めたキッチンペーパーに染み込ませたら、カビの生えたゴムパッキンの上に置いていき、パックする。

カビはゴムのなかにまで入り込む。表面のカビを取ってもゴムのなかに残っていると、また繁殖するので、カビ取り剤を奥まで浸透しやすくするパックが有効。

④ キッチンペーパーの上からラップを被せ密封し、20～30分ほど待って、外す。確認して汚れが落ちてなかったら水拭きしてすすいでからもう一度パックする。

カビ取り剤の蒸発を防ぎ、さらにパックの効果が上がる。

家の中で黒カビが多く飛ぶのは温度が20～25℃になる秋。多くのカビは発育が良くなり、胞子をたくさん作って飛ばします。放っておくと1週間で急激に増え、繁殖します。初期に撃退しておくことが大切です。

吹きかけて吸い取る!

絨毯の食べこぼしのシミが、あっという間にきれいに

家事えもん
kajiemon

{ セスキ炭酸ソーダ水 }

スーパーやホームセンターだけでなく100円ショップでも手に入る。粉末を水500mlに対して、小さじ1の割合で溶かし、吹きかけて使う。

*注　メーカーや使用用途によって割合は異なります。商品表示にある分量を確認してください。

{ 超吸水性スポンジ }

タオルだと十分に吸収できない水分・シミを一気に吸い取ってくれる吸収力が高いスポンジ。

手順

① セスキ炭酸ソーダ水をかけたら、ブラシでよくなじませる。

② 分解したシミに超吸水性スポンジを押し当てて、水分を吸い取る。

一番外側に油のシミ、油の下には、たんぱく質のシミ、その下に色のシミがある。なじませることで表面についた汚れを落とし、さらに繊維に入り込んだシミを分解。

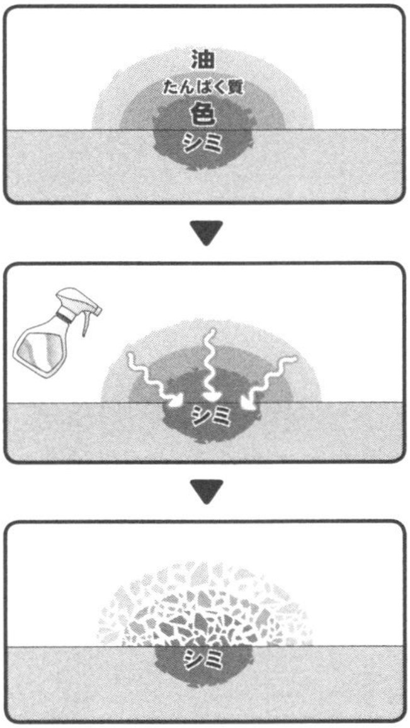

絨毯のシミは、織り込まれた繊維1本1本のなかに汚れが入り込んでいます。それをセスキ炭酸ソーダ水によって分解し、吸収力が高いスポンジを押し当てることで一気に吸いあげて、取り除きました。

シミも臭いも一気に解決！

カーペットについたペットのおしっこジミをなかったことに

家事えもん
kajiemon

{ クエン酸水 }

セスキ炭酸ソーダ同様、粉末状で市販されている。水300ml に対し、小さじ1杯半の割合で溶かし、直接カーペットに吹きかける。消臭効果がある。

{ セスキ炭酸ソーダ水 }

スーパーやホームセンターだけでなく、100円ショップでも買えるお手軽なそうじグッズ。油を浮かせたり、タンパク質を分解するなどの効果がある。

＊注　メーカーや使用用途によって割合は異なります。商品表示にある分量を確認してください。

手順

① カーペットのシミ（汚れ）の部分にセスキ炭酸ソーダ水を吹きかける。

② ぞうきんをシミ（汚れ）に押し付けるようにして、シミ（汚れ）を吸収させる。

③ クエン酸水を吹きかけ、水分を軽く拭きとる。

２の時、力を入れてこすると、繊維から繊維にシミがうつり、逆に汚れをこびりつかせることになるので注意！　テーブルの脚などの鉄サビ汚れも落ちます。シミはセスキ炭酸ソーダ水、臭いはクエン酸水。２つの秘密道具でペットのおしっこジミがなかったことに。

力を入れて拭きづらいという悩みを解消

ブラインドの油汚れも簡単きれいに！

家事えもん
kajiemon

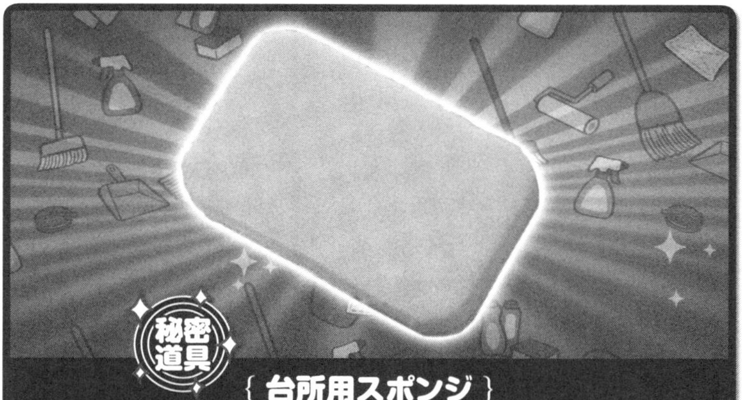

{ 台所用スポンジ }

ブラインドの汚れを、ぞうきんで片手で拭こうとすると押し付けなければならないので、グニャグニャになってしまい掃除がしにくい。台所用スポンジは、なでるようにこするだけで、しっかりと汚れを拭きとることができる。

手順

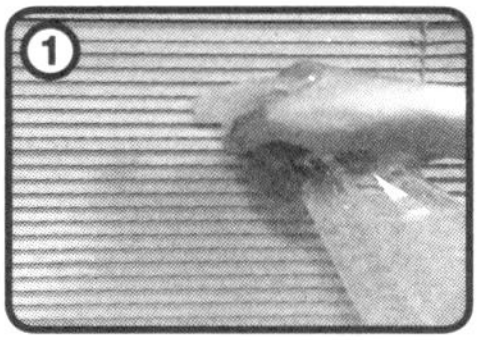

① ブラインドにセスキ炭酸ソーダ水を吹きかける。

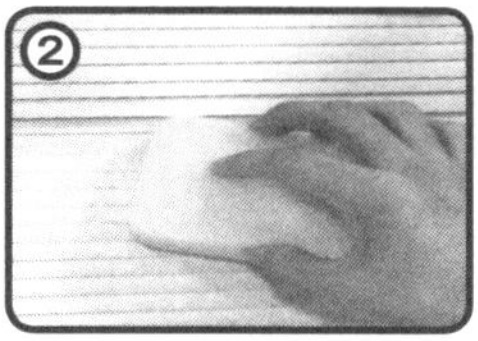

② 台所用スポンジでなでるようにこする。

おなじみのセスキ炭酸ソーダ水が汚れを浮き出たせ、台所用スポンジの表面の凹凸が、ブラインドの凹凸と合って汚れに密着。なでるようにこするだけでしっかり汚れが取れます。

黄ばみや手アカを浮かせてかき出す

トイレの壁の黄ばみを傷つけずに落とす方法

家事えもん
kajiemon

秘密道具

{ セスキ炭酸ソーダ水 }

トイレの汚れの原因はタンパク質が多い尿や手アカ。重曹よりもアルカリ性が強く、汚れを落としたり、タンパク質を分解する能力が高いセスキ炭酸ソーダがここでも活躍。

秘密道具

{ 眼鏡クロス }

繊維が非常に細かいため、ぞうきんでは届かない部分の汚れまでかき出すことができる。

手順

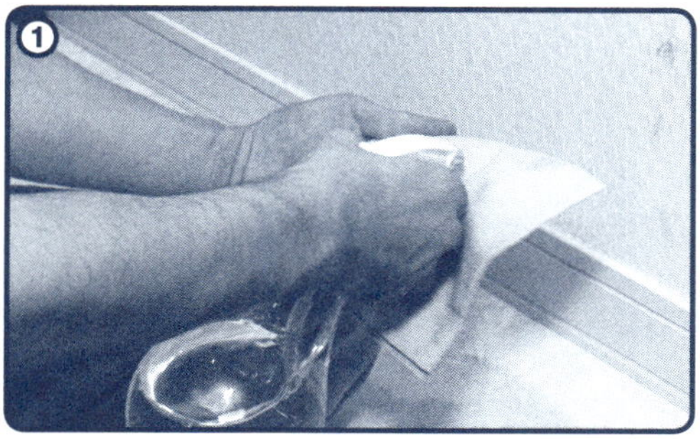

①
セスキ炭酸ソーダ水を、眼鏡クロスに吹きかける。
＊注　アルカリ性が強いセスキ炭酸ソーダは、商品の表示にある分量を守ってソーダ水を作ってください。

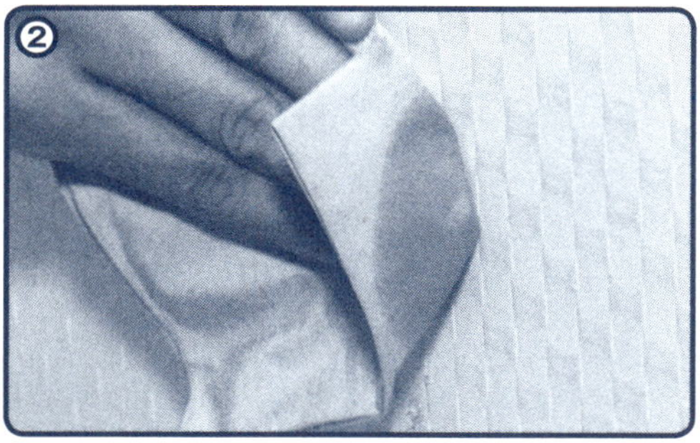

②
壁を拭く。

トイレの壁の汚れがとれにくいのは、壁紙の繊維の隙間に汚れが入り込んでしまっているから。眼鏡クロスは汚れを奥からかき出すことができ、しかも柔らかい繊維なので、強く拭いても壁紙を傷つけにくいのでおすすめです。リビングの壁についた手アカなども同じ方法できれいになります。

網目の抵抗力に負けずに汚れをかき出す

頑固な網戸の汚れには ボディタオル！

家事えもん
kajiemon

秘密道具

{ ボディタオル }

お風呂で使うナイロンのボディタオル。適度なコシがあり、繊維がデコボコしていて、網戸などの汚れをかき出してくれる。さらに人の肌を傷つけないくらいの優しさなので、周りを傷つけにくく、そうじに非常に適している。

手順

セスキ炭酸ソーダ水をボディタオルに吹きかける。

排気ガス、水、ホコリ、いろいろな汚れが絡みついている網戸の油汚れなどを浮かせるには、水よりも効果的。

ボディタオルで網戸を軽く拭く。

キッチンペーパーなどで乾拭きする。

網戸は見て見ぬフリをしている間に汚れがたまりがちになる場所のひとつ。ボディタオルは等間隔にデコボコしていて網目に入り込み、頑固な汚れをかき出してくれます。さらに繊維が強く網目に糸くずが残ることもないので、そうじにおすすめ！

重曹で浮かせてジーンズで落とす

ポットやヤカンの頑固な焦げ汚れはお鍋でぐつぐつ

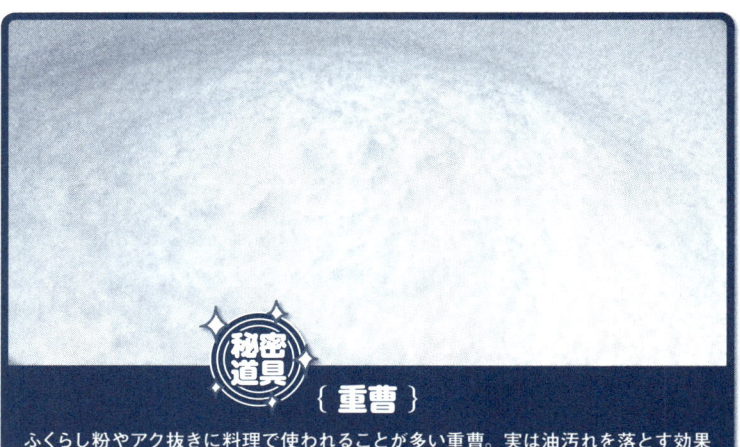

秘密道具

｛重曹｝

ふくらし粉やアク抜きに料理で使われることが多い重曹。実は油汚れを落とす効果や、消臭効果がある。キッチンそうじ用の重曹を使用する。

秘密道具

｛ジーンズの生地｝

新品だと藍色がついてしまうので、使い古しのジーンズを活用。ポケット部分を切って手を入れて使用すると、より磨きやすい。

手順

①鍋に水200ml に対して重曹を大さじ1杯の割合で入れ、汚れたポットやヤカンを入れて火にかけて煮込む。

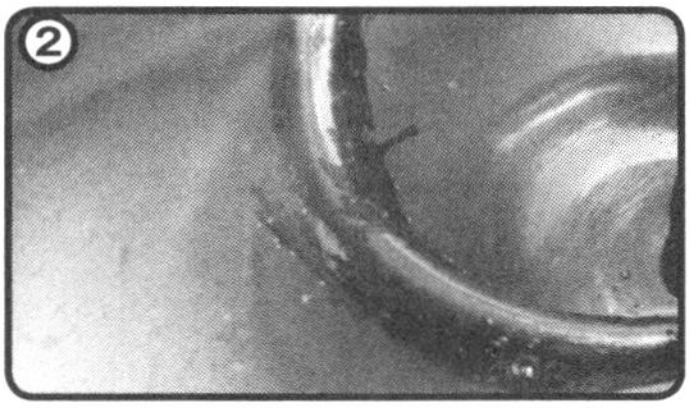

②5分ほどすると汚れがはがれてくる。ひっくり返し、反対側も煮込む。2、3ともに、汚れの度合いによって、時間を調節する。

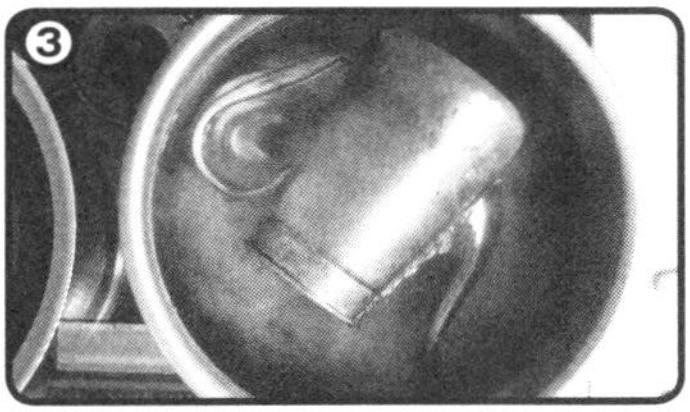

③火を止めて30分ほど漬け置きをする。汚れがひどい場合は2時間ほど漬け置く。

④やわらかくなった汚れを、重曹の粉末を付けたジーンズ生地でこすって落とす。

沸いてから重曹を入れると吹きこぼれるので、火をつける前に重曹とポットを入れる。

ゆっくり温度が下がっていくことで、焦げがやわらかくなる。

重曹が油を乳化し、二酸化炭素の泡が出て、焦げをはがします。また、重曹は結晶なのでクレンザーとしても使えます。ジーンズ生地はポケット部分を切って手を入れて使うとより磨きやすいです。コンロの五徳などにもおすすめの方法ですが、ステンレス素材以外ではこの方法は行わないでください。

＊注　アルミ製の鍋は変色するので使用しないでください。

コンロ周りは秘密道具をさらに投入

マイナスドライバーで焦げ汚れをかきだす

家事えもん kajiemon

秘密道具

{ マイナスドライバー }

取り外しのきかないコンロ周りの焦げ汚れは、37ページのように鍋に入れて煮込むことができない。そんな時に役立つ便利なアイテム。

手順

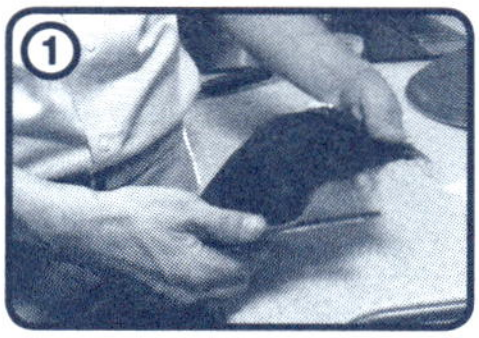

マイナスドライバーにジーンズ生地を巻きつける。

重曹をまき、汚れた部分をこする。

とがった先端が細かい汚れの部分まで届くのに加え、力がドライバーの先端に集中するので、少ない力で強く磨くことができます。力を入れすぎると、コンロを傷つけてしまうので力加減に注意！

＊注　ステンレス素材の五徳以外は、この方法は不可。

洗剤とラップのパックが効く！

買ったばかりの食器に貼ってあるシールをきれいにはがす

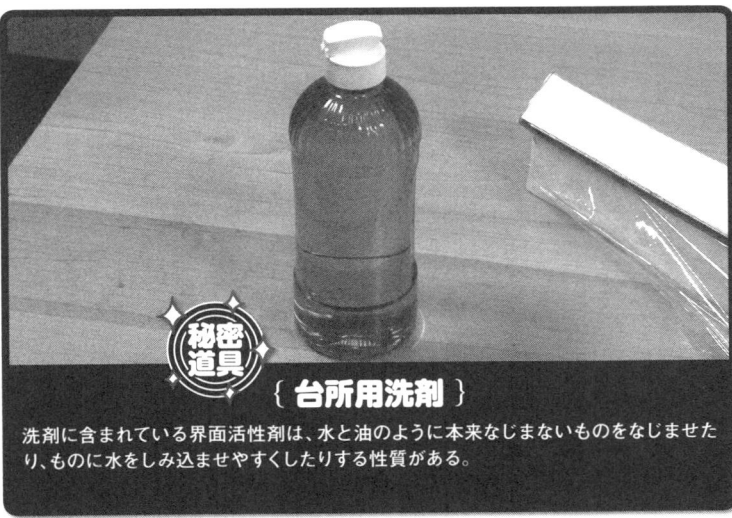

家事えもん kajiemon

秘密道具

{ 台所用洗剤 }

洗剤に含まれている界面活性剤は、水と油のように本来なじまないものをなじませたり、ものに水をしみ込ませやすくしたりする性質がある。

手順

① シールの面積より広めに台所用洗剤を塗り、上からラップをかぶせる。

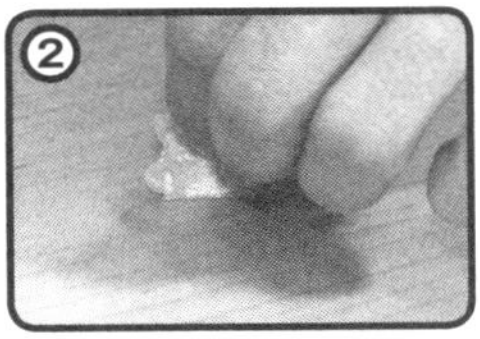

② 5分ほどおき、はがす。

洗剤に含まれる水分が界面活性剤の働きでシールにしみ込み、貼ってあるものと粘着質の間に入り込んでシールを浮き上がらせてくれます。さらにラップをかけて水分の蒸発を防ぐことで、効果がアップします。

キッチンペーパーとフロアモップで楽々

お風呂場のカビは まず天井からそうじ

家事えもん
kajiemon

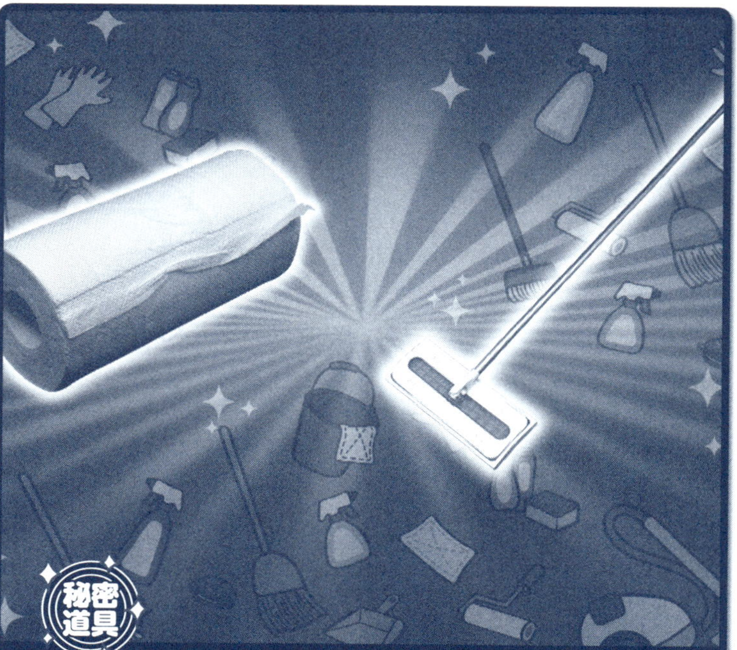

{ キッチンペーパーとフロアモップ }

シャワーで流すと水滴がぽたぽた垂れてそうじしづらい上に、カビで汚れた水滴がかかって不快。そんな天井のそうじの悩みを解決。狭い天井なら、キッチンペーパー1枚で十分。1枚あたり数円で済むのでかなり経済的。

手順

①

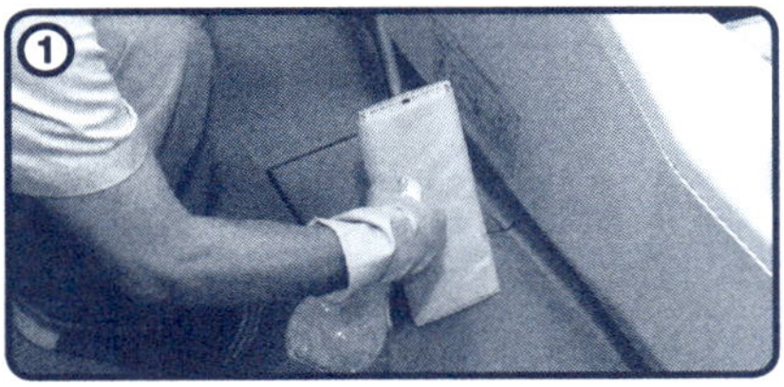

フロアモップにキッチンペーパーを装着し、カビ取り剤をスプレーする。

目や口に入る危険性があるため、胸より下の位置でスプレーする。

②

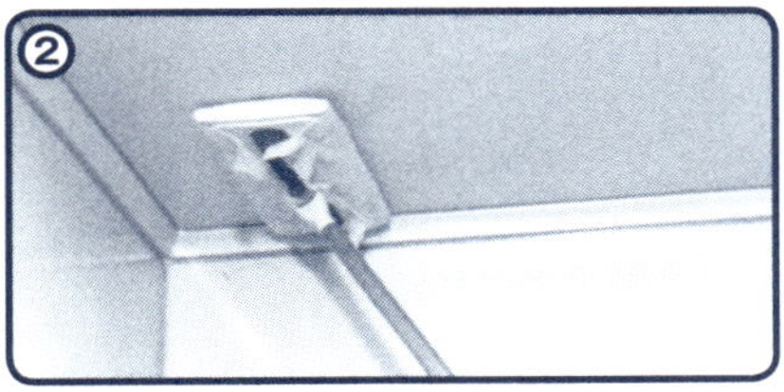

天井に生えたカビを拭きとる。

③

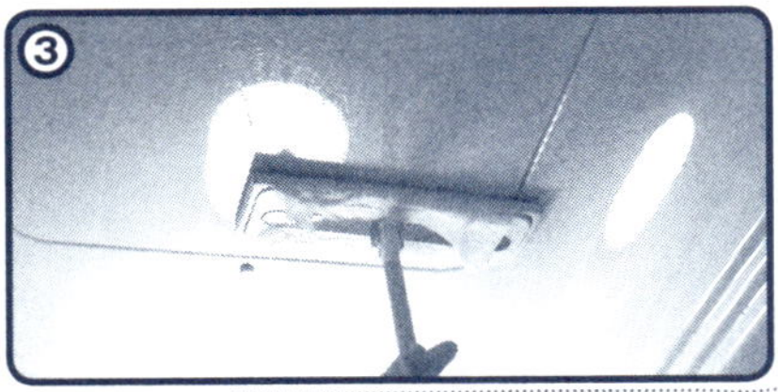

最後にすすぎをする。キッチンペーパーに水を含ませ水拭きをした後、乾いたキッチンペーパーでしっかりと水分をとり、カビ取り剤を天井からきれいに落とす。

カビ取り剤をつけたままにすると、のちに天井に水滴がたまり、体にかかってしまうことがあるため、すすぎはしっかりと。

天井のカビがお風呂のカビの根源です。下の部分はきれいでも、天井や換気扇のカビを放っておくと、上からカビの胞子が降ってきて、お風呂場全体にカビが発生します。2〜3週間に1度そうじして、天井をきれいにしておくことが、お風呂場をきれいに保つコツです。

マンションのお風呂場のカビを未然に防ぐ

簡単にできる天井と換気扇フィルターそうじ法

家事えもん
kajiemon

秘密道具

{ エタノール }

薬局やスーパーなどで売られているエタノール。殺菌効果があり、タンパク質を分解する効果もあるので、カビそうじには効果的。エタノールは、揮発性なので乾きやすく、そうじの後で水で流したり、拭き取ったりする手間が省けるのに加え、顔に垂れる危険性も少ない。

手順

①

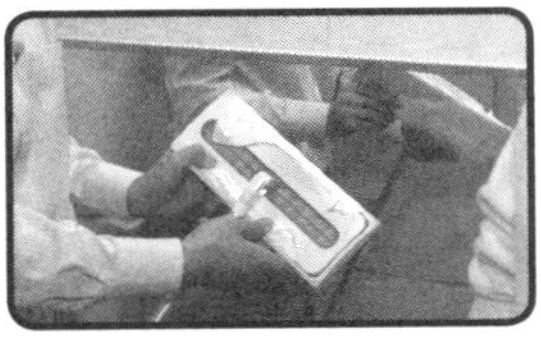

フロアモップにキッチンペーパーを装着する。

②

エタノールをキッチンペーパーにしみ込ませる。

③

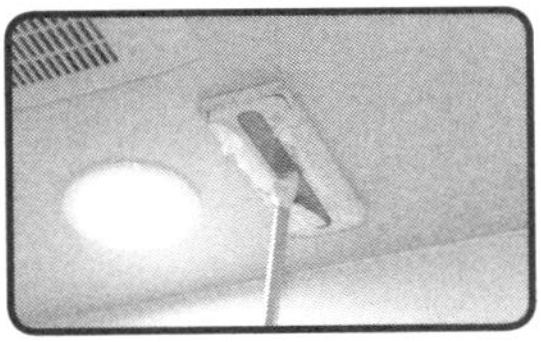

天井を拭く。

お風呂場の換気扇フィルター

換気扇のフィルターに付いたカビも、エタノールを吹きかけ、ブラシでこするだけできれいに！

Before

After

頑固な汚れにはカビ取り剤。エタノールはカビ取り剤より殺菌能力は低いのですが、初期段階のカビ汚れなら、十分 OK です。しかも、エタノールだと「すすぎの作業」がいらないんです！

頑固な水アカにはクエン酸水ラップ

お風呂場の鏡を簡単きれいピカピカに

家事えもん
kajiemon

秘密道具

{ クエン酸水とラップ }

クエン酸を水300ml に対し、小さじ1杯の割合で溶かしたクエン酸水をラップでパック。

秘密道具

{ クエン酸（顆粒状） }

顆粒状のクエン酸の粒子には、汚れを研磨する効果があり、クエン酸水でやわらかくなった水アカを落としてくれる。

手順

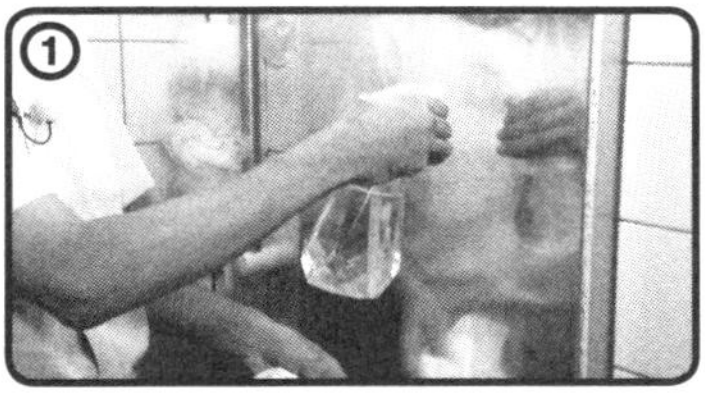

クエン酸水を鏡に吹きかける。＊注　鏡の材質がガラス以外のプラスチックやフィルムを用いたものは不可。

クエン酸水が乾かないように、鏡の表面にラップを張り付け、汚れの度合いにより20分～1時間放置する。

クエン酸水の蒸発を防ぎ水アカを溶かしやすくしてくれる。

パックしていたラップを丸めてクエン酸（顆粒）をつけて磨く。

スポンジだと無数の穴が開いているため、そのなかに粒が入ってしまい、思うような効果が出ない。ラップだとクエン酸を効果的に使うことができ、水アカもしっかりキャッチできる。

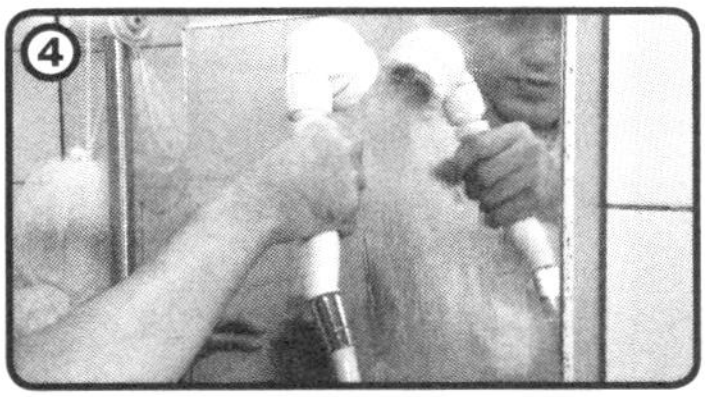

5分ほど研磨して、最後にしっかりシャワーで洗い流す。

水アカの正体は、水道水に含まれるカルシウムやマグネシウム。クエン酸は酸性なので、アルカリ性のカルシウムとマグネシウムを溶かします。一度汚れがつくと、そこに水がたまり、水アカがさらにたまるので、きちんとそうじすれば、水アカはつきにくくなります。

スポンジが入らないすき間もおまかせ！

蛇口の小さなすき間の汚れを落とす

家事えもん
kajiemon

秘密道具

｛ストッキング｝

ストッキングは、柔らかく伸び縮みする材質のため、すき間に入り込みやすく、手の届きにくい場所のそうじに最適。使い古しのストッキングを捨てずにそうじ道具として使用。

手順

蛇口のすき間部分に、粉末状のクエン酸を振りかける。

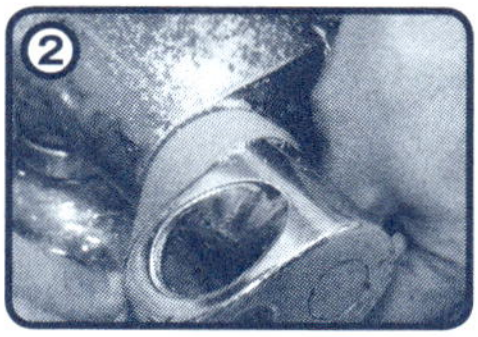

クエン酸をからめるように、蛇口のすき間にストッキングを滑り込ませて磨く。

使い古しのストッキングをハサミで30cmほどにカットして、そうじ道具として使用します。45ページと同じようにラップでパックをした後、シャワーで汚れを落とし、さらに蛇口の裏側や、手の届きづらい場所など、小さなすき間をこの方法でお掃除すれば、ピカピカに！

重曹をかけてカードで磨く

蛇口の付け根のしつこい水アカ、見違えるほどきれいに

家事えもん
kajiemon

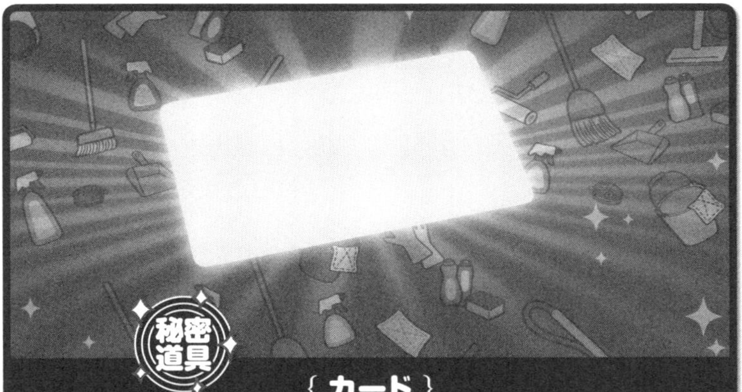

{ カード }

期限切れのクレジットカードや、行かなくなったお店のプラスチック製ポイントカード。そんなカードのほどよい硬さが、水アカを落とすのに適している。

手順

① プラスチック製のカードを斜めにカットする。

② 粉の重曹をかけてカードで水アカを削るように磨いていく。

カットすることで、角が溝に入りやすくなる。

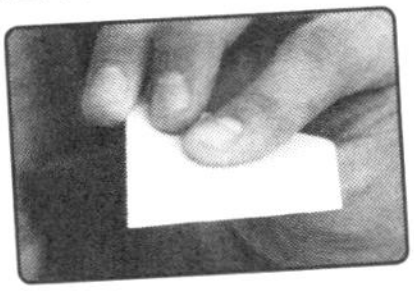

粒子が細かい重曹をかけて磨くと、研磨効果がアップ、効率的に水アカを落とすことができます。素材や状態によって傷がつく可能性もあるので、様子を見ながら行ってください。

窓のサッシやカーテンのカビの原因にも

冬の大敵、窓ガラスの結露とさようなら

家事えもん
kajiemon

秘密道具

{ 中性洗剤 }

食器用の洗剤や洗濯用の液体洗剤は、大抵が中性洗剤。ラベルの「液性」の項目に「中性」と書かれているものを用意。そのなかに入っている界面活性剤に、水滴をつきにくくする効果がある。

手順

窓ガラスの水滴を拭き取る。

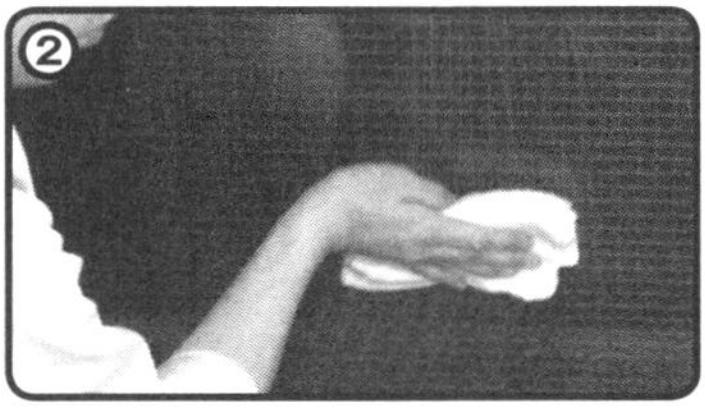

中性洗剤を水300ml に対し、20：1の割合で混ぜる。タオルなどにしっかり染み込ませて、ゆるめに絞ったら、窓ガラス全体を拭いていく。

アクリルガラスなどのプラスチック素材には使用を避ける。

乾拭きすることで、窓の表面に塗った界面活性剤を薄く均等に伸ばし、コーティングする。

およそ1週間、効果は持続するが、地域や環境によって効果の持続時間は変化する。

窓ガラスの結露は、室内と室外の温度差で起きる現象。ただの水滴と侮って放っておくと、窓のサッシやカーテンにカビを大量発生させてしまうこともあります。カビの胞子は、乾くたびに飛び散る性質があり、体調不良の原因になることも。一般的なカビ取り剤は金属製品には使えないものも多いです。カビをそうじするときは、エタノールをキッチンペーパーなどに吹きかけ、拭き取ることでサッシなどの金属部分を傷めずに殺菌可能。

見えない汚れも落として清潔に

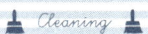

洗濯槽のカビ汚れを スッキリ解消

家事えもん
kajiemon

{ 過炭酸ナトリウム }

過炭酸ナトリウムとは、漂白剤の主成分の一種で、除菌や消臭効果もある。一般に、粉末状で市販されており、スーパーやホームセンター、薬局などに置かれている場合が多い。

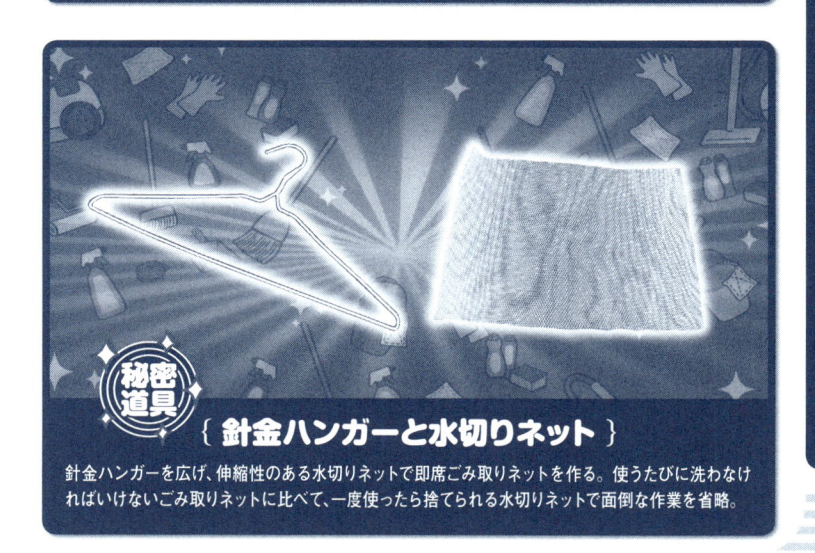

{ 針金ハンガーと水切りネット }

針金ハンガーを広げ、伸縮性のある水切りネットで即席ごみ取りネットを作る。使うたびに洗わなければいけないごみ取りネットに比べて、一度使ったら捨てられる水切りネットで面倒な作業を省略。

手順

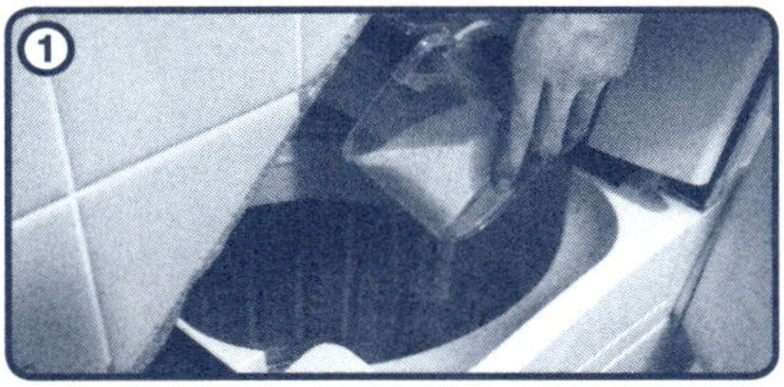

洗濯機に水をため、過炭酸ナトリウムを適量入れる。全体に行き渡らせるため洗濯機を回し、そのまま5〜8時間つけ置きする。

過炭酸ナトリウムの使用方法に基づき、使用量・つけ置き時間を確認。手が荒れやすい人は、直接手で触れないようにする。

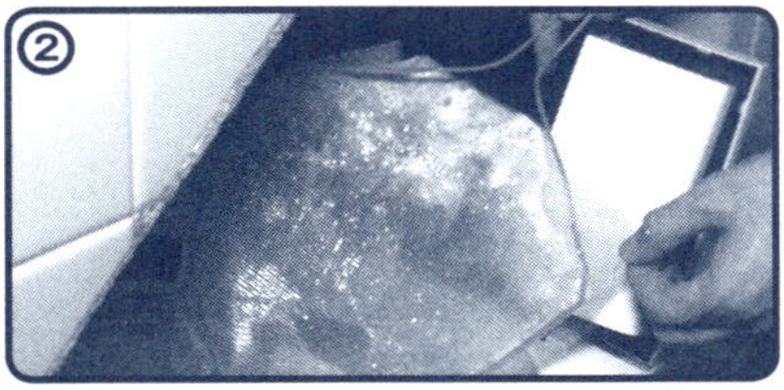

浮いてきた汚れは、きれいにすくい取る。汚れが浮いてこなくなるまで、すすぎ、ごみ取り、排水を繰り返す。

パイプなどに詰まったりすると、故障の原因になるおそれがあるので、きちんと。秘密道具の即席ごみ取りネットで金魚すくいのようにすくっていく。

ドラム式洗濯機の場合

- 途中で汚れを取る必要があるので、ドアを開けられる水位で行う
- きれいに汚れを取ってから、すすぎを行う

＊注　洗濯中はドアが開かない洗濯機もあります。その場合は過炭酸ナトリウムでの洗浄はおすすめできません。

洗濯機は、湿度が高い上に、洗剤のカスや皮脂汚れなどもたまりやすく、カビが繁殖しやすい環境。洗濯槽の外側がカビでびっしりということも。そうなると洗濯物にカビが付着したり、洗濯槽のなかで発生した雑菌が出す生乾きのような臭いがついたりします。定期的にそうじして、清潔に保ちましょう。

グラスに重曹をひとつまみ

くもったグラスも新品みたいにピカピカに！

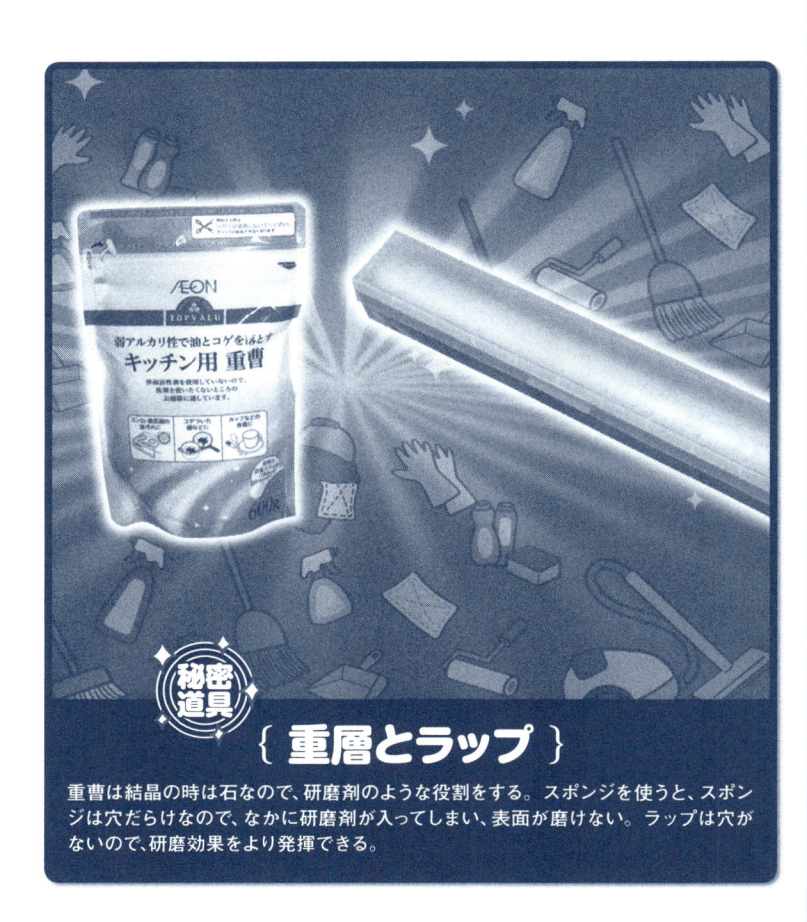

家事えもん
kajiemon

秘密道具

{ 重層とラップ }

重曹は結晶の時は石なので、研磨剤のような役割をする。スポンジを使うと、スポンジは穴だらけなので、なかに研磨剤が入ってしまい、表面が磨けない。ラップは穴がないので、研磨効果をより発揮できる。

手順

①グラスを軽く濡らし、重曹をひとつまみ入れる。

②ラップをクシャクシャクシャに丸め、つるつるの部分を使って磨いた後、水ですすぐ。

料理用の重曹を使えばさらに安全。

Before

After

洗ってきれいになったように見えても、乾くとまたくもってきてしまうことも多いグラス。くもりの正体は水道水に含まれるカルシウムでできる水アカです。洗った後に水分を拭きとらず自然乾燥させるとカルシウムだけが残ってしまいます。これを繰り返すと洗うだけでは落ちなくなります。そんなくもり汚れを重曹が削りとって落とします。

床やくぼみにフィット

お風呂場の水アカや黒カビはジャージのポケットで落とす

家事えもん kajiemon

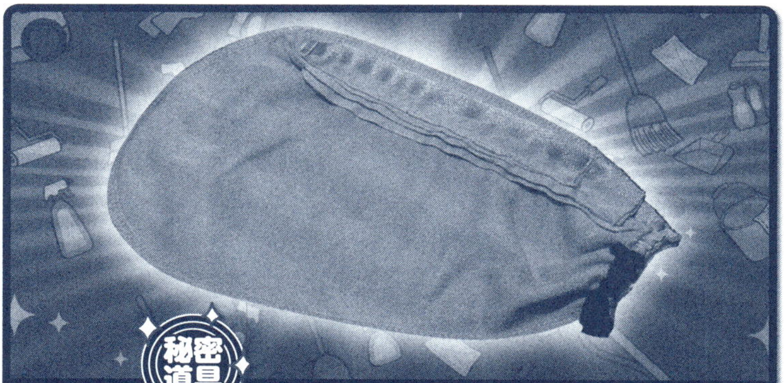

{ ジャージぞうきん }

ゴムが伸びたりボロボロになっていらなくなったジャージのポケット部分だけを切り取り、手にはめられるぞうきんに。

手順

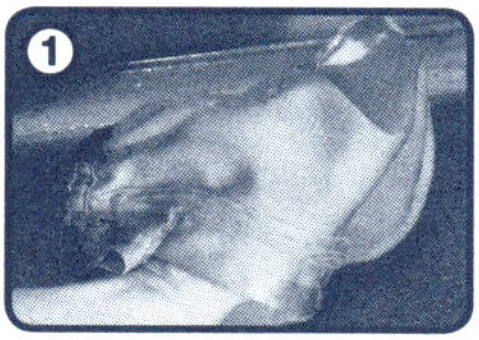

① 粉末のそうじ用重曹を、クレンザーのようにジャージぞうきんに合わせる。

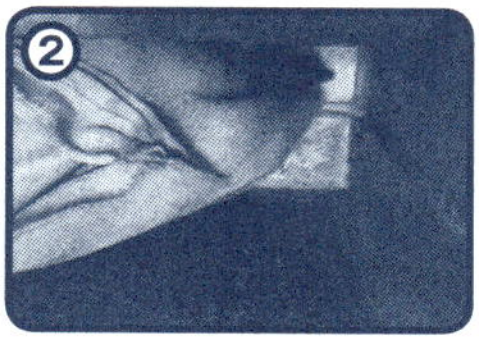

② すき間に沿って磨く。

ジャージの裏生地の先端部分がブラシでは届きにくい細かいみぞの汚れもかき出してくれる！ カビ取り剤を使っても黒カビが残ってしまう場合は、クエン酸で石鹸バリアを溶かしてから掃除するのがおすすめ。その際、クエン酸は酸性できちんと洗い流さないと危険なので注意してください。

Tidy up

秘密道具でスッキリ片付け・収納

片付け・収納はオネエもんズにおまかせ！
リーズナブルに作れるオリジナルグッズを駆使
しておうちをスッキリおしゃれにセンスアップ！
得

得

秘密道具と収納テクで

クローゼットをおしゃれにスッキリ

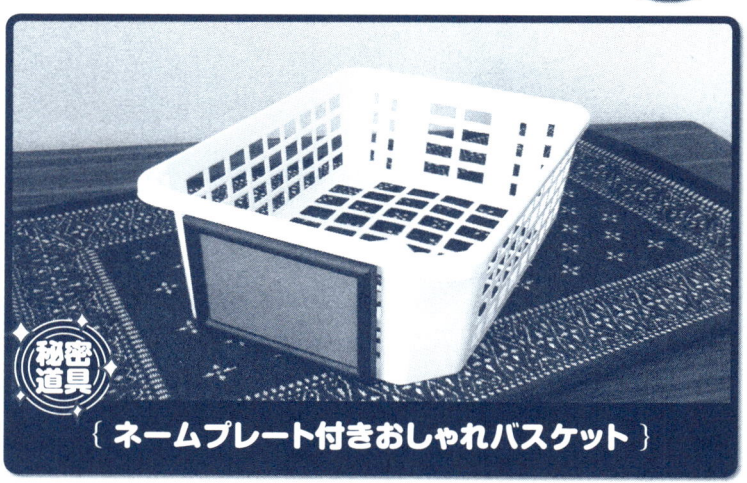

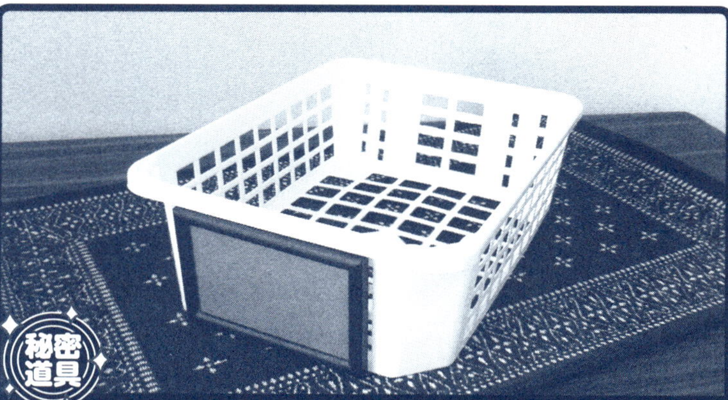

秘密道具

{ ネームプレート付きおしゃれバスケット }

▶ 必要なもの：プラカゴ、フォトフレーム

① フォトフレームのガラスやアクリル部分と、背面についているスタンド部分をとる。

② フレームの裏側四隅に接着剤をつけ、プラカゴに貼り付ける。

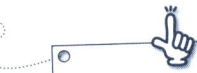

カゴの中身を書き込んだフセンを貼ったり、ポストカードを貼ったりして使う。

服を丸めて縦に収納していくと、出し入れがラクでおすすめ。着たい服も見つけやすく、1枚とっても崩れない。

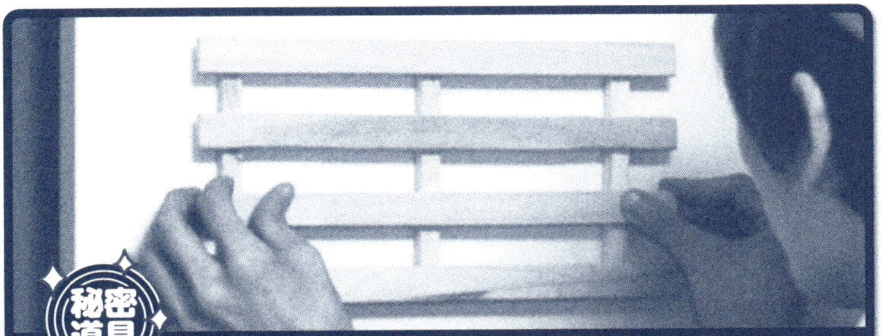

秘密道具

{ ベルト収納壁掛けウッドホルダー }

▶ 必要なもの：ミニすのこ、両面テープ

① すのこの裏側に、両面テープを貼り付け、横位置で収納したい場所に貼り付ける。

② すのこの隙間にベルトを通すと、バックルの部分がひっかかって落ちない。

木などのナチュラルな素材を使うことでおしゃれに見える！

秘密道具

{ どこでもバッグホルダー }

▶ 必要なもの：つっぱり棒、S 字フック

① つっぱり棒をクローゼットにはめて固定する。

② S 字フックをかけて、カバンを吊るす。

収納の量によりつっぱり棒の耐荷重量を確認。

クラッチバッグは、目玉クリップに名札ケースを跡がつかないようにクッションとしてかませバッグをはさみ、S 字フックに。

持つ状態で収納しておくと、風通しもよくカバンが傷みにくい。

洋服を色分けしてコーディネートも簡単！

クローゼットを使いやすくし おしゃれ度もアップ！

秘密道具

{ コの字ラック }

ホームセンターや100円ショップで売られている。大きな棚も簡単に分割ができ、間の衣服も引き抜きやすく、崩れる服を最小限におさえることができる。

手順

① クローゼットのなかの洋服を全部出し、色分けしながら畳む。

② クローゼット内にラックを設置し、先ほど色分けした洋服を、上から明るい順番に入れていく。

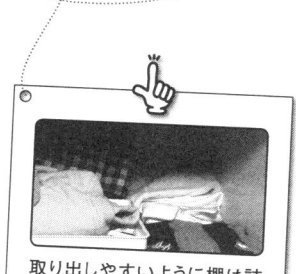

日本人の多くが明るい色をトップスに、暗い色をボトムスに選ぶ傾向があるので、取り出したらすぐに着られるようにするため。クローゼットも上の段から下に明るい色から暗い色へ順に色分けすることで、グラデーションになり、スッキリきれいに見える効果も。

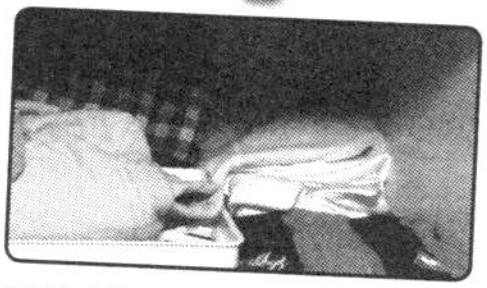

取り出しやすいように棚は詰め込まず、手が届く範囲の隙間をあける。

色で洋服が選べるようになるとおしゃれになります。なるべく近い棚から服を選ぶと、自然と統一感ができ、コーディネートも簡単に！ また、色分けすることで、同系色の服の数を把握し、いらないものの区別や捨てる判断がしやすくなる効果もあります。

オリジナルな収納グッズを手作り！

機能的で見た目も おしゃれな壁面収納

オネえもんズ
oneemon's

Before

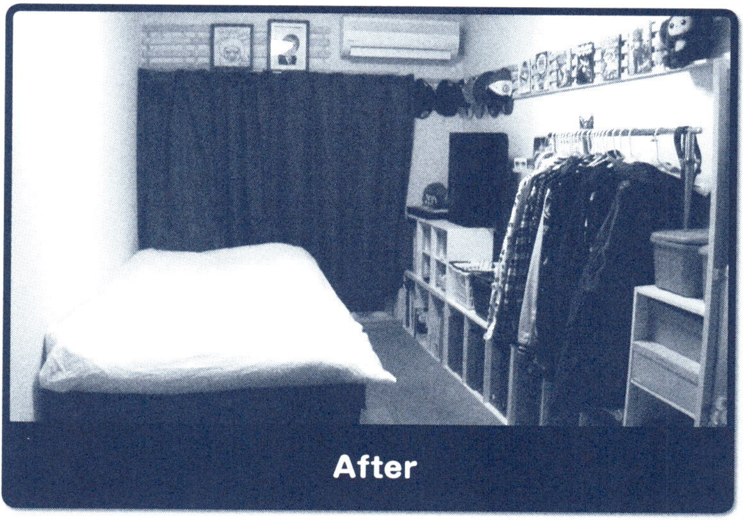

After

ステップ1

高さをそろえたカラーボックスを並べる

▶ 必要なもの：
同じサイズのカラーボックス

① ホームセンターなどで1000円ほどの同じカラーボックスを壁面に合わせて必要な個数を買う。

② そろえて並べる。

高さやデコボコしていた側面の位置が一直線になり、奥行きがうまれ、部屋が広く見えるようになる。

ステップ 2

ラクチン洋服ボックス

▶ 必要なもの：
カラーボックス、ファイルスタンド

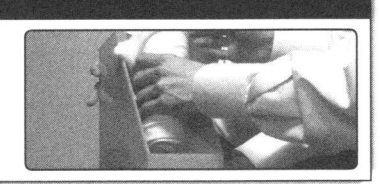

① 100円ショップで購入したファイルスタンドに、洋服を丸めて立てて入れる。

② カラーボックスにファイルスタンドの背中側を向けて収納。

たくさんの洋服を収納することができ、しかも着たい服をすぐに見つけて簡単に取り出せる。

ステップ3

紙コップで靴下をスッキリ整理

▶ 必要なもの：
紙コップ、靴の空き箱

① 紙コップを靴の空き箱にしきつめる。

② 1の紙コップに靴下を入れる。

靴下の片方にもう片方を着せるようにしてペアにするとバラバラにならず、ゴムに負荷もかからなくておすすめ。

ステップ4

すのこで壁面小物置き

▶ 必要なもの：
ミニすのこ、両面テープ、トレー

① 壁の空いているスペースに、壁用の両面テープを貼り、植物を育てる時に使うミニすのこを接着。

② 壁に穴があかないようにすのこに軽く釘を打ち、薄いトレーを接着する。

壁一面、1列に配置すれば、部屋の上の空間を有効利用できる。

ステップ 5

機能シャツケース

▶ 必要なもの：
カラーボックス、クリアファイルケース

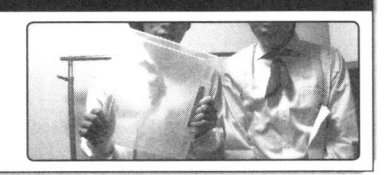

① クリアファイルケースにシャツを入れる。

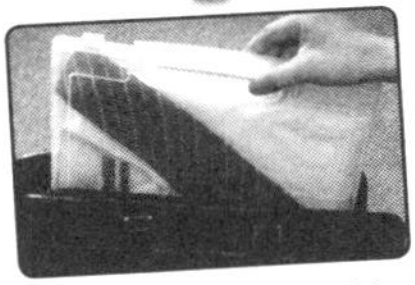

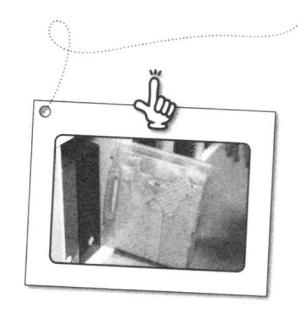

ネクタイも入れておくと、毎回組み合わせを考えなくて済む。旅行や出張の際、このままバッグに入れると、シワにもなりやすいシャツがきれいに持ち運びできる。

② カラーボックスの隙間に立てて収納。

壁一面を収納スペースにすることで、空間をスタイリッシュかつ有効に使うことができる壁面収納。デザイナーズマンションにも使われ、高いものだと10万円を超えるなど、かなり高額ですが、家にあるものや、100円ショップやホームセンターで簡単に手に入るもので作ったオリジナル収納を組み合わせればリーズナブルに！

快適に暮らすアイデアがいっぱい

激狭ハウスに学ぶ収納＆片付けテク！

テクニック❶ デッドスペースを有効利用して収納場所を確保

2階へ上がる階段の1段目を収納スペースとして利用。

階段全体のデッドスペースを利用して収納場所を設けた。

テクニック❷ 不要な壁をなくして空間を広く見せる！

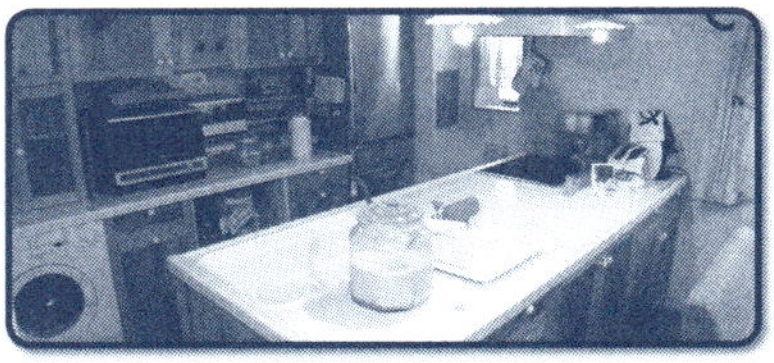

キッチンの壁をなくし、オープンキッチンにすることで狭い空間を広く見えるようにする。

テクニック❸ すぐに使わないものはボックスに入れて一時保管！

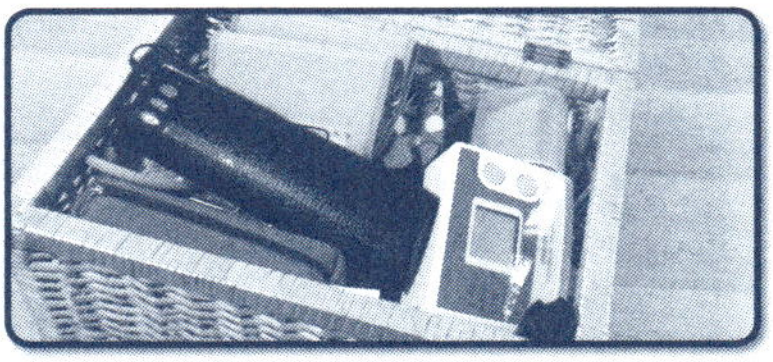

すぐに片付けられないものは、一時保管用のボックスに入れ、時間がある時に仕分け・整理・捨てることを心がける。

一時保管用ボックスのアイデアは、すぐに真似できます！ 定期的に中身を仕分けして、整理整頓することを心がければ、きれいな状態がキープできます。

重たい段ボールは その下に空の段ボールを 重ねると軽くなる

得ワザ tokuwaza

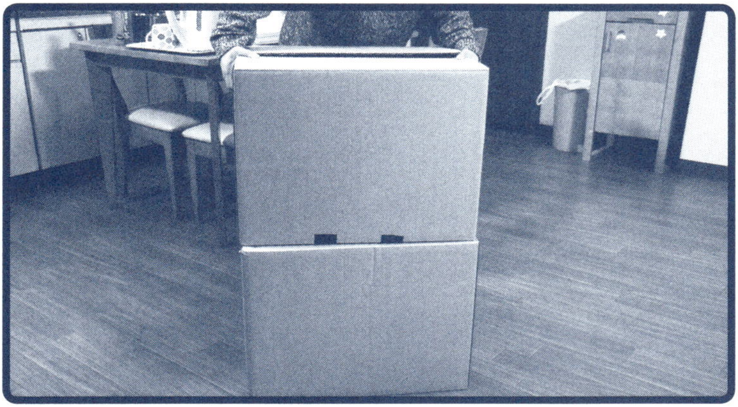

手順

① 重たい段ボールの下に空の段ボールを重ねる。

② 下の軽い段ボールの方を持つ。

身体の重心と荷物との位置関係が作用！

実は人は物を持つ時、身体の重心と物の重心が近ければ近いほど軽く感じるんです。立っている時の重心は大体身体のおへその辺りにあります。段ボールが1つの場合は、荷物の重心と身体の重心が離れていますが、2つになると荷物の重心が上がり、身体の重心と近づきます。

家にあるものでプロの仕上がり

DIYで使える秘密道具！

リフォーマン
reforman

家が片付いたら、もうひと工夫。家具をペイントしたり、壁紙を貼りなおしたりすることで、見た目もおしゃれに！ そんな時使えるワザをご紹介！

｛スポンジ｝

同じ量のペンキでもハケだとムラができるが、スポンジは吸収した液体を一気に出さず少しずつ放出することができるため薄く長く、均等にペンキを塗ることができる。

｛タオル｝

タオルは手に比べ摩擦も凹凸も少ないので、スムーズに壁紙を貼ることができる。

おしゃれに見える塗料の塗り方

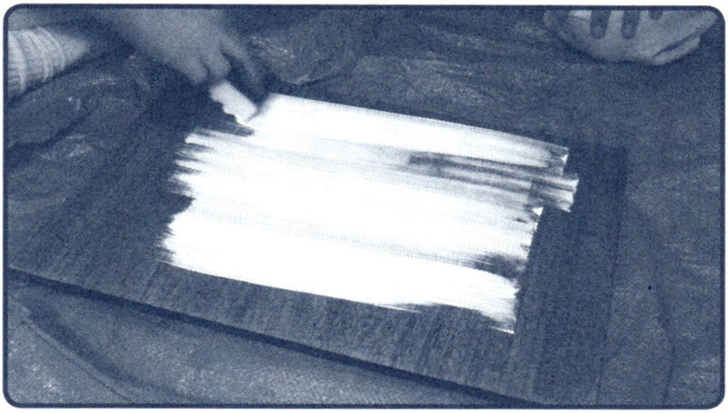

① まず下地にワックスを塗りこむ。

② 2層目に白いペンキを塗る。

③ 最後に好みの色のペンキを塗る。

ペンキがもしはがれても
アンティーク調の茶色の
木が出てくるようになる。

秘密道具のスポンジを使えば簡単スピーディーに。

タオルを使えば超簡単に壁紙が貼れる

① 壁紙の裏側のフィルムを少しだけはがしながら貼っていく。

② 中央から外側に向かって、壁を拭くようにタオルを動かす。

秘密道具のタオルを使っても空気が入ってしまったら、針で小さな穴を開ける。

網戸を黒く塗ると外の景色がくっきり見える！

得ワザ tokuwaza

▶手順

①網戸をフェルトペンやスプレーで、黒く塗る。

換気ができる環境で行う。

Before　After

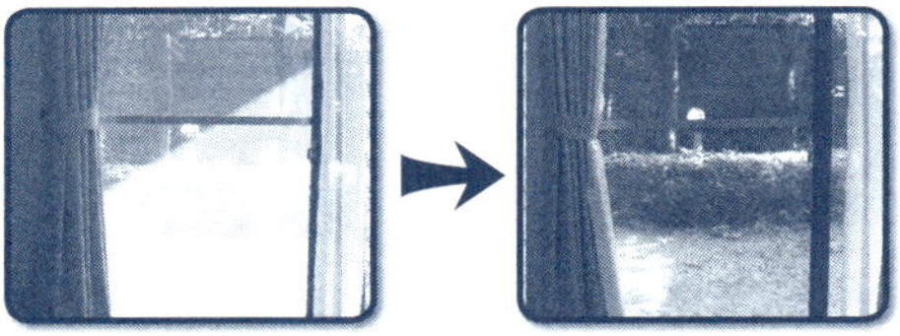

通常の網戸は糸が白く、室内の光を反射して逆光のような状態になり外が見えづらくなります。網戸を黒く塗ればその反射を抑えられ、外の光が直接目に届き、景色がくっきり見えます。メジャーリーガーが目の下に黒いペイントをしているのも同じ原理で、反射を抑えるから、ボールが見えやすくなるんです。

Laundry

秘密道具で服もきれいにお洗濯

洗剤を知り尽くした家事のカリスマ家事えもんは洗濯でも大活躍！　ちょっとひと手間加えることで、仕上がりに違いが出ます！

鍋で煮込んで一気に解決！

シャツの襟元の黄ばみと臭いを落とす

秘密道具

{ 鍋 }

アルミ製の鍋は表面がはがれる可能性があるので、ステンレス製の鍋を使用する。

秘密道具

{ 酸素系漂白剤 }

漂白剤には大きく分けて「塩素系」と「酸素系」の2種類がある。塩素系は漂白力が強く、除菌、殺菌力も大きいため、トイレ、台所、カビ用に使われる。酸素系は塩素系に比べ、漂白力は劣るものの、繊維を傷めることなく汚れの色素や汚れ自体を落としやすくするため、衣類にも使えるのが特徴。

洗濯

手順

① 鍋に、ワイシャツ全体がつかるくらいの水約2Lを入れ、酸素系漂白剤15gを加え（2Lに対しての分量）、全体に溶けるようにかき混ぜて溶かす。

② ワイシャツを弱火で10～20分程度煮込む。

③ 沸騰はさせず、およそ80℃ぐらいになったら火を消し、1時間程度つけ置きしてしっかり熱を冷ます。

④ つけ置き後、いつも通りに洗濯機で洗い、乾かす。使った鍋は食器用洗剤で洗い、漂白剤を落とす。

噴きこぼれに注意！

温度がだんだん下がっていく過程で、約50℃で酸素系漂白剤の漂泊能力が引き出され、約40℃で汚れを落とす酵素の力が活性化する。

目安としては、鍋がグツグツしてきたら。

ポイントはつけ置き。お湯を煮立たせてから火を消し、つけ置きをして冷ますことで、面倒な温度調整をすることなく、漂白と酵素という2つの洗浄能力を最大限に引き出せます。さらに、臭いのもとになる菌のほとんどは、およそ75℃で除菌されるので、消臭の効果も期待できます。

家事えもん
kajiemon

着替えるときの新習慣

シュッとひと吹きで襟や袖の黄ばみを防止

秘密道具

{ セスキ炭酸ソーダ水 }

そうじで大活躍のセスキ炭酸ソーダ水が洗濯の秘密道具でも登場。襟や袖の黄ばみの正体、タンパク質や油を分解する効果がある。

手順

① 襟や袖にセスキ炭酸ソーダ水を吹きかける。

② いつもと同じように洗濯機で洗う。

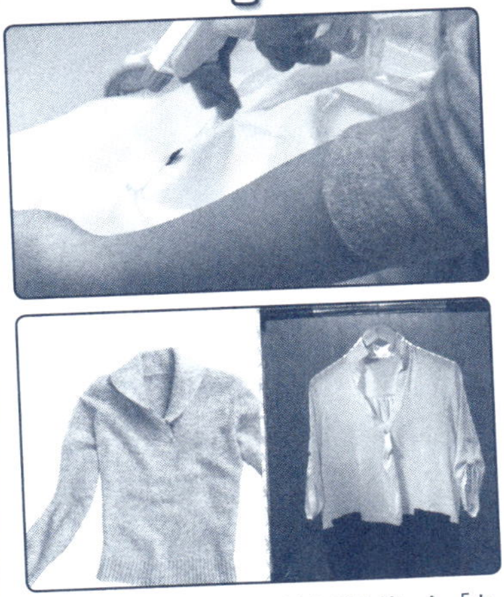

ウールやポリエステル素材などを使った「おしゃれ着」は繊維を傷つけてしまうので、使用厳禁。

家に帰ってきて、着替える時に、襟や袖にシュッシュッとひと吹きを習慣にすると、汚れがつくサイクルが変わります。格段に黄ばみにくくなるのでお試しください。

洗濯物が格段に乾きやすくなる

針金ハンガーとタオルで速乾ハンガー

家事えもん
Kajiemon

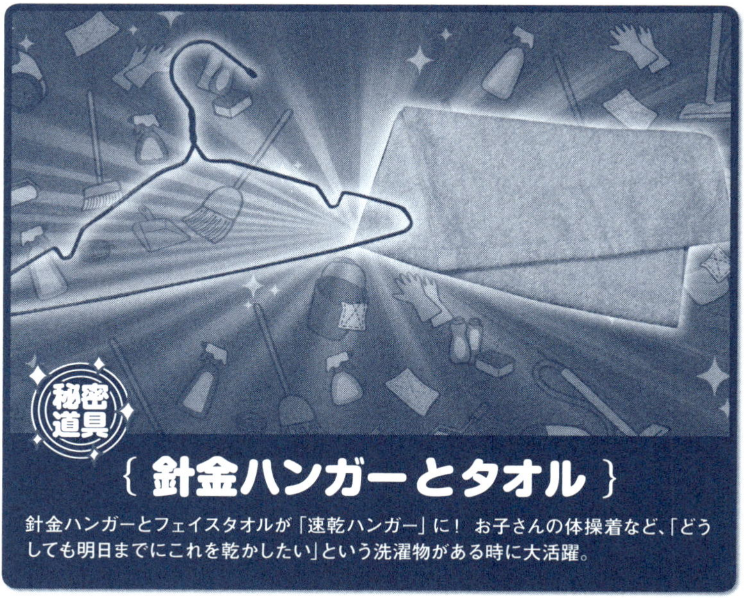

{ 針金ハンガーとタオル }

針金ハンガーとフェイスタオルが「速乾ハンガー」に！ お子さんの体操着など、「どうしても明日までにこれを乾かしたい」という洗濯物がある時に大活躍。

手順

① タオルを縦に巻いて細くする。

② 1をハンガーの洋服をかける上の部分にねじりながら巻きつけ、外れないようにしっかりと固定する。

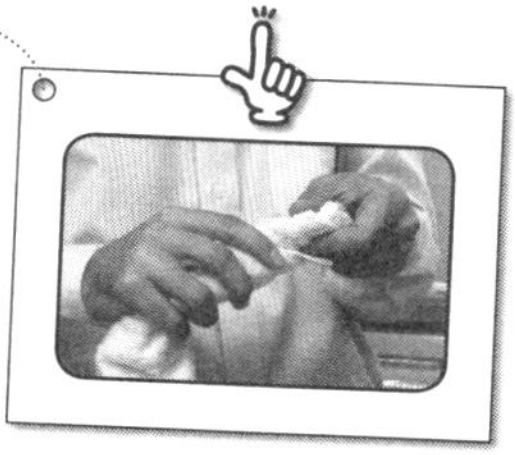

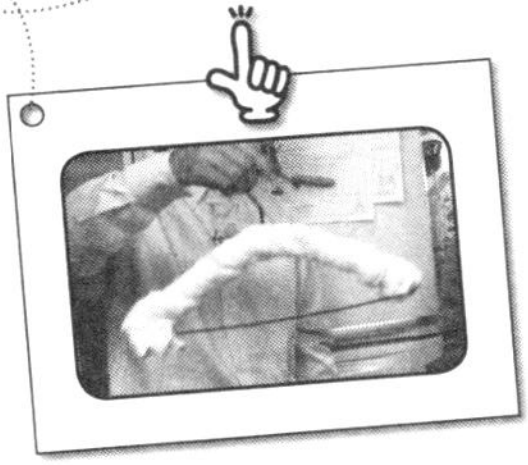

実験結果

針金ハンガー(左)	速乾ハンガー(右)
2時間	1時間

肩の部分が広がるため、スペースができ、風が通るようになります。タオルも水分を吸ってくれるため、さらに早く乾きます。

ピンポイントで温めて落とす

洋服の落ちないシミは コップの上でシミ抜き

家事えもん kajiemon

秘密道具

{ コップ&ラップ }

洗剤や漂白剤は、高温の方が効果が上がる。お湯をかけながらでもシミ抜きはできるが、他の部分に漂白剤がかかると、色落ちする可能性もある。コップとラップを使えば、シミの部分を温めながらピンポイントで洗剤や漂白剤を使うことができる。

手順

① 30℃のぬるま湯をコップぎりぎりまで注ぎ、その上にラップをかぶせ、余分な空気を抜いて輪ゴムで固定する。

お湯の温度は衣類によって違うので、必ず洗濯表示を確認する。

② シミがついた部分をラップの上にのせ、食器用洗剤をかける。

③ シミの部分を洗濯用ブラシで叩いた後、水でよくすすぎ、油とタンパク質の汚れを除去。

漂白剤を効果的に働かせるために、まずシミの外側のこの2つの汚れを除去。一番外側に、油のシミ、油の下に、タンパク質のシミがコーティング、その下に色のシミというのがシミの構造（29ページ参照）。

④ 再びシミの部分をラップの上に置き、色ジミを抜くために漂白剤をかけて優しくブラシでなじませる。

⑤ 漂白とすすぎを繰り返し、仕上げに手洗いして漂白剤を洗い流す。洗濯機で洗えるものは洗濯機で洗う。

今回は「手洗い30」という表示があると仮定して30℃のお湯にしました。洋服の洗濯表示に書いてある温度を超えたり、禁止されている漂白剤を使うと洋服が縮んだり、生地が傷んでしまう恐れがあります。このシミ抜きを行う前にはタグの確認は必須です。

部屋干しでも臭わない

洗濯物は干す時の配置を工夫して乾きをスピードアップ

家事えもん
kajiemon

ポイントは干す時の洗濯物の配置。外側から長いものを順々に干し、アーチのような形にすると洗濯物の乾きが早い！

手順

① 両サイドに長い洗濯物を干す。

② 真ん中に短いものを干し、アーチ状になるようにする。

真ん中の部分に空気がこもり、そこの温度が少し上がる。暖かい空気は上に上がっていくので、自然と上昇気流が発生する。

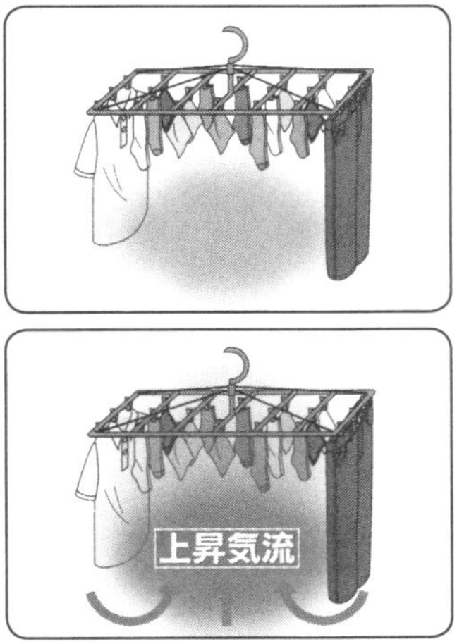

上昇気流が発生して空気が循環するので、格段に乾きやすくなります。実際どれほど差が出るのか一般的な干し方と同じ種類の衣服の乾き方を比較してみると、5時間後の洗濯物の重さは300g、およそコップ1杯分も軽くなるという驚きの結果に！

回すだけで簡単に！

靴下を買った時についてくるタグピンの取り方

得ワザ tokuwaza

手順

① タグピンだけを指でつまんで靴下を持ち上げる。

② タグピンをつまんだままグルグル回す。

ねじるだけ、引っ張るだけでは取りづらいタグピンが、回すことで、ねじれの力と靴下自体が外へ向かおうとする遠心力で引っ張られる力の2つが働き切れやすくなります。タグピンの材質によっては切れにくいものあるので注意してください。

Cooking Recipe

秘密道具で簡単おいしい料理レシピ

家事えもんにサイゲン大介、バタコやんにタマミちゃん。みんなのレシピと使えるワザを一挙公開！

コーンフレークとミートボールで

揚げない！ 丸めない！ 新型時短コロッケ

家事えもん
kajiemon

ほんと、
サクサクしてる！
（坂上）

材料（1皿・2～3人分）

・じゃがいも	300g	・乾燥パセリ	少々
・ミートボール（レトルト）	120g	・牛乳	大さじ4
・豆腐（絹）	1丁	・顆粒コンソメ	大さじ1
・とけるチーズ	80g	・白こしょう	少々
・コーンフレーク（無糖）	50g	・塩	少々

作り方

① たねを作る

皮をむいたじゃがいもを600W の電子レンジで5分加熱し、ボウルに移す。 塩で下味をつけたらフォークでつぶす。ミートボールとそのたれを加えて、つぶしながら混ぜる。

味付けも不要に！

② 豆腐ホワイトソースを作る

絹ごし豆腐を十分に水切りして保存袋に入れる。 牛乳、白こしょう、顆粒のコンソメを加え、クリーミーになるまでよく揉む。

③ 容器に入れる

耐熱の大きめのお皿を用意し、1を半分しく。 その上から2をかけ、さらに残りの1をしき、とけるチーズをかける。コーンフレークを砕いて全体的に表面にまぶす。

秘密道具

{ コーンフレーク }

コロッケの衣のような、サクサク食感を再現！ 保存袋に入れ、手で握って砕く。

④ 焼く

170℃のオーブンで15分ほど焼く。 焼きあがったらパセリを振りかける。

じゃがいもの加熱方法は、料理によって適した方法が違います。味を染み込ませたい時は煮た方がよいですが、コロッケの場合はレンジでOK。コーンフレークでサクサク、お豆腐がクリーミー感を出し、揚げてないのでヘルシーな仕上がりです。

生地作りからたった15分！ 魚焼きグリルで焼き上げる

おうちで本格窯焼き風パリパリピザ

バタコやん
batakoyan

しっかりパリパリですよ！（羽鳥）

生地材料（1枚分）

- A 強力粉……75g
  - 塩……ひとつまみ
  - 砂糖……少々（5g）
  - ドライイースト……1.5g
  - オリーブオイル……少々（5g）
- ぬるま湯……40〜50ml ほど

作り方

① 生地を作る

Aをボウルに入れて混ぜ、様子を見ながらぬるま湯を少しずつ加えながら2分ほどこねる。一度に入れて、生地がゆるくなってしまった場合は強力粉を足して調整する。

> 30℃前後（600Wの電子レンジで10秒加熱）のもの。水ではなくぬるま湯にすることで、イースト菌が活動を始めて、時間短縮に！

② 伸ばす

クッキングシートを敷き、中心はできる限り薄く、端は厚めになるよう、中心から外に外にと生地を伸ばし、フォークで生地に穴をあけ、膨らまないように空気の逃げ道を作る。

> 生地がホイルにくっつかなくなる。

③ 具材をのせる

くしゃくしゃにしたアルミホイルに生地をのせ、具材をトッピングする。焼きむらができるのを避けるため、均等に盛り付ける。

<トッピング材料>

ケチャップ	大さじ2
とけるチーズ	1枚
さけるチーズ	1本
プロセスチーズ	1個
キャンディチーズ	5個
カマンベールチーズ	1個
ロースハム	1枚
オリーブオイル	適量
パセリ	適量

※お好みで調整してください。

④ 焼く

耳部分にスプーンでオリーブオイル（分量外）を塗り、ピザ全体にも振りかけ、魚焼きグリルで強火で8分ほど焼く。パセリを散らす。

＊注　焼いている間は水蒸気が出て匂いがつかないが、焼き上がったらすぐに出さないと匂いがつく可能性があるので注意。

魚焼きグリルは機種で焼き加減が違うので、様子を見て調整してください。表面が先に焼けた場合は、ホイルをかけると焦げを防げます。片面焼きタイプは、必ず予熱、その他の機種も予熱で焼き時間が短くなり、よりパリパリに！

得ワザ tokuwaza

牛乳とパン粉だけで皮ができる

5分でできる ふっくら肉まん

いろんな○○まん
にアレンジできる
のがいい！　(坂上)

材料（4個分）

- パン粉 …………………… 100g
- 牛乳 …………………… 120ml
- シューマイ …………………… 4個

作り方

① 生地を作る

パン粉と牛乳を1分ほど混ぜ続ける。

パン粉に含まれるでんぷんは、水分と熱を加えるとふっくらするので、肉まんの皮に似た食感に。牛乳を加えたことで、パン粉に不足している糖分や脂分を補い、風味がアップ！

② 生地を伸ばし包む

できた生地を4等分する。ラップの上で生地を伸ばし、シューマイを包む。

肉まんとほぼ同じ具材が使われているので、一から具を作る手間が省ける。

③ 加熱する

つまようじで、5〜6カ所穴を開け、500Wの電子レンジで1分30秒加熱する。

4個の場合の時間。冷凍シューマイを使う場合は、2分30秒加熱する。

レンジの中で破裂するのを防ぐため、ラップに穴を開けて空気の通り道を作る。

なかに入れる具はお好みで、いろんなアレンジを楽しんでください。お弁当のおかずにも最適なサイズです。お弁当に入れる場合は、ラップをしたまま入れてください。

ゴマ高菜まん

明太子まん

カスタードまん

残りものが生まれ変わる！

おでんと白菜でやさしい味の和風チヂミ

家事えもん
kajiemon

イカの食感が
練り物で、きます！
イカ感！（後藤）

材料（2枚分）

- おでんの具（ちくわ／大根／こんにゃく／さつま揚げ／ごぼう巻き／昆布）…… 適量
- おでんのつゆ …… 100ml
- 小麦粉 …… 70g
- 片栗粉 …… 20g
- 白菜の芯 …… 2枚分
- ゴマ油 …… 大さじ1

作り方

① 下ごしらえ

余ったおでんの具材を約1cmに細かく切り、白菜の芯の部分はサイの目に切る。葉はたれに使うのでとっておく。

② 生地を作る

小麦粉に片栗粉を加え、余ったおでんのつゆを入れて溶く。さらに1を加えて混ぜ合わせる。

③ 焼く

フライパンにゴマ油をひき、中火で両面を焼く。

④ 盛り付け

焼きあがった生地にたれをかける。

おでんの練り物は魚のすり身なので、チヂミの具材として一般的なエビやイカなどに代わり最適。一晩おいて煮崩れた具でも、細かく切るのでOK。

食感をプラス！

チヂミのもちもち感は、生地に入れるじゃがいもに含まれるでんぷんが生み出している。同じくじゃがいものでんぷんで生成されている片栗粉で、手軽にもちもち！

チヂミのたれ

材料 おでんのつゆ…150ml、白菜の葉…2枚分、片栗粉…大さじ1、水…大さじ2

鍋におでんのつゆを入れ、白菜の葉の部分をみじん切りにして加える。さらに水溶き片栗粉を火をつける前に鍋に加え、優しくかき混ぜながら、とろみが出るまで加熱する。味見して、薄ければ、塩で味を調える。焼いている間に作れば時間短縮に！

寄せ鍋、豆乳鍋、カレー鍋などでも作れます。キムチ鍋で作るときは、残った豚肉や豆腐などの具材と、白菜の芯の部分を入れて焼けば完成。「鍋に飽きたらチヂミ」がおすすめ！

2つのコツで鶏むね肉がサクッとジューシー

オレンジソースで本格フレンチ風から揚げ

家事えもん
kajiemon

むね肉のパサパサ感、一切ないです
(後藤)

材料（2人分）

- 鶏むね肉 ……… 1枚（約300g）
- A［砂糖：大さじ1/2、酒：大さじ1・1/2
  しょうゆ：大さじ1・1/2、塩：少々］
- 小麦粉 ……… 大さじ4
- 片栗粉 ……… 大さじ1・1/2
- 水 ……… 小さじ2
- パプリカ ……… 1/4個
- ブロッコリー（小房） ……… 4個
- オリーブオイル ……… 少々

作り方

① 下ごしらえ

鶏むね肉を1.5cm 幅に切り分け、A をよく揉み込み、15～20分漬けおく。　フライパンにオリーブオイルを熱し、パプリカとブロッコリーを炒めて取り出す。

大きいとなかまで火が通りにくく、小さいと火が通りすぎて硬くなる。 幅1.5㎝がジューシーに仕上がるちょうどよい大きさ。

② 粉を付ける

下ごしらえした鶏むね肉に小麦粉、片栗粉を入れて混ぜ、最後に水を加えて調整。

③ 揚げる

170℃に熱した油で揚げる。

油に入れっぱなしにせず、空気に触れさせながら揚げることで、外側の水分がとび、なかはジューシー、外はサクサクに仕上がる。

④ 絡める

オレンジソースに1で炒めたパプリカとブロッコリーを入れ、最後に3を加え、ソースと絡める。

オレンジソース

材料 オレンジジュース…160ml、みかんの皮（細切り）…1/2個、塩…少々、しょうゆ…少々、小麦粉…大さじ1、バター…20g

小麦粉とバターを混ぜてブールマニエを作る。フライパンにオレンジジュースとブールマニエ、その他すべて加え、弱火でとろみがつくまで加熱。強火だとうま味や香りが飛んで味のバランスがくずれるので注意！

「ブールマニエ」がオレンジジュースにコクととろみを加え、オレンジの酸味でから揚げの脂っぽさを感じさせないさわやかな風味に。盛り付けに規則性を持たせるとフランス料理風になります。

混ぜて炊くだけ！ アレンジも自由自在！

コンビニでも買える食材で作れる簡単栗おこわ

得ワザ tokuwaza

（アレンジ食材探しに）
コンビニ行きて〜
（後藤）

材料（4〜5人分）

・米	2合
・水	500ml
・むき栗	360g
・おかき（しょうゆ味）	120g

作り方

① 下ごしらえ

炊飯器に米と水を入れ、むき栗を加える。

むき栗を山菜パック(200g)にすれば、山菜おこわ。さつまいも(360g)を入れるといもおこわになる。
※山菜パックは水分ごと加え、その分水の分量を360mlに減らす。

② おかきを加える

おかきをジッパー付きの袋などに入れ、少し形が残る程度に砕き、1に加えて混ぜる。

③ 炊く

2を1時間ほど置いてから炊き、炊き上がったら、かき混ぜて味を全体になじませる。

上部にたまった「おかき」の粘り気をなじませることで、おこわに変身！

坂上発案鶏おこわ

材料　米…2合、水…440ml、焼き鳥の缶詰（たれ）…4缶、おかき（塩味）…75g

おかきを塩味にして、焼き鳥を入れると鶏おこわに！

もち米を用意したり、栗をむいたりと面倒な準備がいりません。味付けの必要もなしで手軽においしいおこわが作れます。おかきの味と具材を変えれば、コンビニで手軽に手に入る食材でいろんなアレンジができるのもうれしい。

野菜が苦手な子どもでも食べられる

小松菜とたくあんで超お手軽な小松菜ずし

家事えもん
kajiemon

子どもと作るのがいいかもね！（後藤）

材料（10個分）

- 小松菜……10枚分（約3株）
- 白ゴマ……大さじ1
- 紅しょうが……5g
- たくあん……5g（2枚）
- すし酢……［酢：大さじ1·1/2、砂糖：大さじ1、塩：小さじ1/2］
- ご飯……1合分（炊き上がり約300g）

作り方

① 下ごしらえ

たっぷり塩を振ったお湯で小松菜をゆでて水にさらし、キッチンペーパーで水気をとる。葉と茎の部分にわけ、茎の部分を5mm 程度の大きさに切る。たくあん、紅しょうがをみじん切りにする。

葉の部分を持って、茎の部分を30秒間、先にゆでる。30秒たったら葉の部分をなかに入れる。葉は10秒ほどでOK。

② すし飯を作る

ご飯にすし酢を加え、1と白ゴマを加えて混ぜ合わせる。

③ 包む

2を小さめのおにぎりにして、小松菜の葉で包む。刻んだ紅しょうがやたくあんをトッピングする。

和歌山や奈良の郷土料理、めはりずしからヒントを得ました。食材費もおよそ200円とお手頃なうえに、30分で簡単にできます。お野菜嫌いなお子さんにもおすすめです。

食品用重曹と豆腐が化学変化でスープに変身

カロリー約半分！ヘルシーとんこつ風ラーメン

家事えもん kajiemon

（おいしいと）
こんなに人ってしゃべらないんですね
（羽鳥）

材料（2人分）

- 豆腐……300g
- A［水：600ml、重曹：6g］
- B［鶏がらスープ：大さじ1、酒：大さじ1、しょうゆ：小さじ1、塩：少々］
- 中華麺……140g
- しらたき……140g
- レタス……1〜2枚
- 紅しょうが……適量
- 青ねぎ……適量

作り方

① スープを作る

Aを用意した鍋に入れ、適当な大きさに切った豆腐を加え強火にかける。沸騰後中火にし、10分ほど煮て、豆腐が溶けたらBで味を調える。

重曹を熱するとアルカリ性が強まり、豆腐がとける！ 重曹は水の1％の分量で。それ以上入れるとエグ味が出てしまう。

② 麺としらたきをゆでる

鍋にたっぷりの湯を沸かし中華麺をゆで、同じお湯で水洗いしたしらたきをゆでてザルに上げる。中華麺としらたきを混ぜ合わせる。

中華麺の小麦粉の風味がしらたきに移って中華麺風に。

③ 盛り付け

2の麺と1のスープを器に盛り付け、ひと口大にカットしたレタス、紅しょうが、青ねぎ、チャーシューをのせる。

肉と肉の間にたれが入って、味がしみ込みやすい！

チャーシュー

材料（作りやすい分量）
豚バラ肉…400g
C［めんつゆ：大さじ3、みりん：小さじ1、砂糖：小さじ1］

❶豚バラ肉を2枚重ねて強めに巻き、Cにつける。
❷1に肉をさらに巻き、再度Cに浸す。直径5cm程度になるまで「浸して巻く」を繰り返す。
❸とじ目をつまようじで刺し、600Wのレンジで4分加熱し、ひっくり返してさらに3分加熱する。10分以上加熱すると肉が硬くなるので注意！

熱せられた重曹水のアルカリ性が強まり、豆腐のタンパク質を分解してスープ状になるという化学変化を利用して、とんこつスープを再現。豆乳を使うよりとろみが出ます。もめん豆腐を使うとコクととろみがさらにアップ！

さつまいもとチーズで

新感覚!
焼きいもサンドイッチ

家事えもん
kajiemon

ツナマヨや塩辛を挟むのもさつまいもの甘みと塩味がマッチしておすすめ!(家事えもん)

材料(さつまいも 2本分)

- さつまいも …… 2本
- とけるチーズ …… 70g
- 粉チーズ、パセリ …… 適量
- 水 …… 大さじ1
- 具材A(各適量):レタス、コーン、マヨネーズ、アスパラガス、ベーコン
- 具材B(各適量):ザーサイ、辛子明太子

作り方

① さつまいもを切る

割り箸を使って、さつまいもを酢の物のきゅうりのようにじゃばら切りにする。

秘密道具 ｛割り箸｝

さつまいもを挟むように割り箸を置き、その上から切ることで、下まで貫通することを防ぐ。浮く場合はさつまいもを傾けて切る。

② 具材をはさむ

具材 A はレタスを手で小さくちぎり、コーンはマヨネーズとあえる。アスパラガスは斜め薄切り、ベーコンは約1.5cm 幅に切る。半分に「レタス&コーンマヨ」、もう半分に「アスパラ&ベーコン」を1つおきにはさんでいく。具材 B は、半分に食べやすい大きさに切った「ザーサイ」、もう半分には「辛子明太子」を辛子明太子チューブを使い、1つおきにはさんでいく。

サンドイッチのようにきれいに取り出せる！

秘密道具 ｛ラップ｝

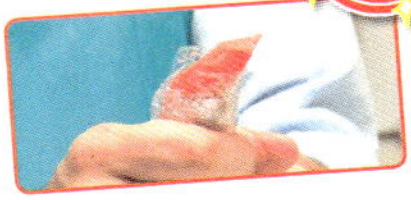

辛子明太子を少しはみ出すようにラップのはしに置いて巻き、先端を切る。切り口の反対側から押し出すよう使う。まな板を汚さず中身をきれいに使い切れる。

③ 焼く

耐熱容器に並べ、水を加え、アルミホイルで二重に包み、850W のオーブントースターで約30分焼く。さつまいもに火が通ったら、とけるチーズをかけて2分焼き、さらにとけるチーズと粉チーズをかけて2分焼く。仕上げにパセリを散らす。

なかに水蒸気が充満しふっくらと焼きあがる。

さつまいもの中心温度を65℃から75℃に保つことが、甘さのもとになる麦芽糖の生成をうながし、甘みを引き出すことになります。そのため、電子レンジより温度の上昇が緩やかなオーブントースターで加熱するのがおすすめです。

おしゃれでヘルシーな台湾ブレックファースト

切り干し大根オムレツのベジデミソースかけ

家事えもん kajiemon

切り干し大根、想像していたよりもちょっとやわらかくて食べやすい （坂上）

材料（3～4人前）

- 切り干し大根 15g
- 長ねぎ 1/2本
- サラダ油 大さじ1
- 酒 大さじ2
- 塩、こしょう 各少々
- 卵 3個
- 冷凍ミックスベジタブル 100g
- 水 50ml
- ケチャップ 大さじ3
- 中濃ソース 大さじ1
- バター 大さじ1

作り方

① 下ごしらえ

切り干し大根を軽く水洗いする。まだ硬い切り干し大根を2cm幅にざく切りにし、フライパンで炒め、小口切りにしたねぎを加えて炒め合わせ、塩、こしょう、酒を加える。

酒を加えることで、切り干し大根の臭みが消える。

② 卵液を作る

卵を溶きほぐし、1を加えて混ぜる。

③ 焼く

フライパンに2を流し入れ、最初は菜箸で大きくかき混ぜ、あとはそのまま触らず、両面にさっと焼き目をつけるように焼く。

こうすることでフワフワ感が出る。

④ ソースを作る

50ml の水にミックスベジタブルを入れて煮立て、ほどよくやわらかくなったらケチャップ、塩、こしょう、中濃ソース、バターを入れてひと煮立ちさせ、とろみを出す。

⑤ 盛り付け

オムレツにソースをかける。

ミートオムレツよりも、切り干し大根の方がカロリーも低く、よりヘルシーなんです。さらに干すことによって、カルシウムが大根の約15倍と、栄養価もアップ！

油で揚げずにサクサク食感

塩サケと油揚げで クリームサーモンフライ

家事えもん
Kajiemon

これ、お酒にも
いいですね
（後藤）

材料（1人前）

塩サケ	1切れ
じゃがいも	200g
豆乳（牛乳でも可）	100ml
ザーサイ	30g
鶏がらスープの素	小さじ1
油揚げ	3枚
オリーブオイル	少々
パルメザンチーズ	少々

作り方

① 下ごしらえ

サケの切り身は焼き、大きめにほぐす。ザーサイは5mm角ほどにきざむ。

② たねを作る

皮をむいたじゃがいもをレンジでふかす。豆乳（牛乳でもよい）100mlに鶏がらスープの素を加え、レンジで1分温めたものをじゃがいもに加え、なめらかになるまで混ぜる。さらに1を加えて混ぜ合わせる。

ラップで包み、500Wの電子レンジで8分ほど。通常30分ほどかかるので、大幅な時間短縮！

③ つめる

油揚げを半分に切り、なかに2をたっぷりつめ、切り口をつまようじでとめる。

油揚げは安価なふかふかなものが詰めやすい。

④ 焼く

表面にオリーブオイル、パルメザンチーズをまぶして1200Wのオーブントースターで5分ほど焼き色をつける。

この2つでフライと同じサクサクの食感を再現！しかも揚げていないからヘルシー。

なかに詰めたたねは、中華風のポテトサラダ！ そのまま食べてもおいしいし、薄切りにしたフランスパンにのせたり、サンドイッチの具にしたり、チーズをのせてグラタンにしたりといろんな楽しみ方ができます。

キャベツと牛乳で冬にイチオシ

クリーミーまるごとキャベツ鍋

家事えもん kajiemon

すごい!(キャベツがトロトロで)箸で切れるんだ

(羽鳥)

材料(3~4人分)

キャベツ	1個
しいたけ、ごぼう	各150g
牛乳	1L
味噌	小さじ1
とけるチーズ	3枚
水	500ml
鶏がらスープの素	大さじ4

【肉だんご】

豚ひき肉	200g
卵	1個
ゴマ油	大さじ1
しょうが	小さじ2
小麦粉	大さじ1
塩	少々
粗びきこしょう	少々
しょうゆ	小さじ1
キャベツの芯	1個分

作り方

① 下ごしらえ

キャベツはひっくり返し斜めに切り込みを入れ、芯をくりぬく。耐熱皿にのせ、ラップで包み、600Wの電子レンジでおよそ20分加熱する。

> 肉だんごの材料に！ビタミンCが豊富なので、余すことなく使う。

> 煮る時間を短縮し、トロットロのキャベツを作る！軽く押して、芯の硬さを感じずにフカフカ柔らかければ、加熱は十分。

② スープを作る

しいたけは石づきを取り半分に切る。ごぼうは洗って適当な長さにブツ切りにする。しいたけ・ごぼうを炒め、焦げ目がついたら、水を入れたミキサーに入れて1分ほど撹拌する。鍋に移し、牛乳を加えて加熱する。さらに鶏がらスープの素を加える。肉だんごのたねをスプーンで一口サイズにすくって、スープのなかに入れていく。スープを少し取り分けておく。

> しいたけ・ごぼうを炒めるのは、ダシをとるため！おいしいうま味がしいたけ・ごぼうから出る。

> 浮いてきたら、火が通ったサイン。

> 次のページで使います！

③ キャベツを加える

1をまるごと鍋に入れる。スープにコクを出すため隠し味の味噌を溶き、とけるチーズをのせる。

肉だんご

キャベツの芯以外の材料をボウルに入れ、よく混ぜる。最後にみじん切りにしたキャベツの芯を加えてよくこねる。

冷めてしまうと、ごぼうやしいたけの独特な臭みを感じてしまうこともあるので、ぜひ熱々をお召し上がりください。取り分けた鍋の具材にレモンを絞って食べるのも、また味が変わって、おすすめです。

「クリーミーまるごとキャベツ鍋」のシメにもおすすめ

初めてでも作れる手作り生パスタ

家事えもん
kajiemon

やっぱすごいね！
家事えもんは
（後藤）

材料（作りやすい分量）

- 薄力粉……150g
- 強力粉……150g
- 卵……1個
- 塩……小さじ1/3
- 砂糖……小さじ1/3
- オリーブオイル……大さじ1
- ぬるま湯……90ml
- 打ち粉（強力粉）……適量

作り方

① 材料を混ぜる

ボウルに薄力粉と強力粉を1：1で入れ、粉の状態でしっかり混ぜる。塩と砂糖を加え、さらにオリーブオイル、約40℃のぬるま湯、卵を加えたら、ボウルを振りながら、菜箸でしっかり混ぜる。

強力粉だけで作ると弾力もあり、おいしいが、生地をまとめづらいので、初心者はこの配合で。次に作るときから少しずつ強力粉の割合を増やしていき、好みの硬さに。

コクが出る。

② 生地をこねる

菜箸に生地がくっつかなくなったら、生地をなかに入れ込むように手でこね、まとまってきたら、まな板の上に移し、指で押さえて元に戻るようになるまでさらにこねる。ラップで包み、常温で30分ほど寝かせる。

③ 生地を伸ばしてカット

2を4等分して、打ち粉を振りながら麺棒やラップの芯で伸ばしていく。生地を折りたたみ、包丁でカットし、広げる。

端を持って伸ばし、長さの調整をする。

③ ゆでる

沸騰したお湯で2分ほどゆでる。

「クリーミーまるごとキャベツ鍋」のシメにもおすすめです。スープがなくなった場合は、取り分けた分（105ページの2）を足してください。お鍋に肉だんごが何個かあまっていたら、崩せばミートソースになります。もちろんパスタ料理にも使える優れもの！

隠し味はアンチョビ

あの高級焼肉店のドレッシングを再現！

一緒！
ほぼ完璧です
（後藤）

材料（300mlの分量）

濃口しょうゆ	23ml	砂糖	1g
ゴマ油	65ml	アンチョビ	5g
サラダ油	200ml	おろしにんにく	4g
うまみ調味料	2g	白ゴマ	大さじ2/3
塩	3g		

作り方

① ミキサーにかける

しょうゆ・砂糖・塩・おろしにんにく・ペースト状にしたアンチョビをミキサーにかける。

ドレッシングの奥に隠れたうま味を再現する隠し味。

② 油を加える

ミキサーでよく混ぜたものに、サラダ油・ゴマ油を加える。さらに白ゴマを加える。

一緒にミキサーにかけると白濁してしまうので、このタイミングで。

アレンジ

卵かけご飯

しょうゆの代わりにこのドレッシングをかけるだけで、ひと味違ったおいしさに

チャーハン

味付けにこのドレッシング大さじ2と塩・こしょう少々をかける

材料費およそ220円でできてしまう超お得な逸品。ほとんどのドレッシングに入っているお酢が入っていないので、サラダ以外の料理にも使えて、グンとおいしくしてくれる万能調味料です。

食通芸能人の行きつけの店の味を再現！

やわらか牛ホホ肉の赤ワイン煮込み

サイゲン大介
saigen daisuke

材料（作りやすい分量）

- 牛ホホ肉(大きめのひと口大に切る)……500g
- A 赤ワイン……500ml
  - 玉ねぎスライス……100g
  - にんじんの半月スライス……40g
  - セロリスライス(葉はあらみじん)……70g
- 塩、こしょう……各少々
- サラダ油……適量
- 水……500ml
- フォンドヴォー……150ml
- 漬け込んでいたワイン汁……300ml
- ベーコン……1枚
- マッシュルーム……4～5個
- 無塩バター……10g
- 赤ワイン……200ml
- 水ときコーンスターチ……適量
- 煮汁……400ml
- はちみつ……少々
- 生クリーム(乳脂肪35%)……少々

作り方

① 漬け込む

ビニール袋に、牛ホホ肉とAを入れ、ひと晩置く。

② 肉を焼く

1を汁と野菜と肉にわける。肉に塩、こしょうをし、フライパンにサラダ油を入れ熱し、焼き色をつけ（少し焦げ気味に）、圧力鍋に入れる。

③ 野菜を炒める

肉を焼いた後のフライパンにベーコンを入れ炒め、油が出てきたら、漬けておいた野菜を加え炒めてから圧力鍋に加える 。

④ 煮る

肉と野菜が入った圧力鍋に、水、フォンドヴォー、漬け込んでいたワイン汁を加え、フタをして蒸気が上がってから弱火にして40分加熱する。

⑤ ソースを作る

40分加熱したものを煮汁と肉と野菜に分け、煮汁は冷やして脂をとる。フライパンにバターを入れ加熱し、マッシュルームを入れて炒め、煮汁を加えて半量になるまで煮詰める。ここに煮詰めたワイン大さじ4とはちみつを加え、軽く煮る。生クリームと水ときコーンスターチでとろみをつける。

⑥ 盛り付け

お皿に肉を盛り、ソースをかける。野菜・マッシュポテトをそえる。

小フライパンに、赤ワイン200mlを入れ、半量まで煮詰める。

そえ野菜
（軽く塩ゆでしておく）

ブロッコリー……適量
スナップえんどう……適量
カリフラワー……適量
マッシュポテト……適量

濃厚な味わいの赤ワインを、さらに煮詰めて加えることで、長時間煮込まずに深い味わいを再現しました。バターを加えることで、味にボリュームも出ます。

協力・葡萄酒房 allée／住所：東京都渋谷区恵比寿西1-9-1第2ともえビル3F／電話：03-5459-8448

バタコやん
batakoyan

オーブンもホームベーカリーもいらない

フライパンで簡単に作れるヘルシー自家製パン

フライパンでしか味わえないパンの味。これはマネしたい！

（家事えもん）

材料（6個分）

- 強力粉 …… 300g
- 水 …… 180ml
- 砂糖 …… 25g
- ドライイースト …… 3g
- 塩 …… 3g

作り方

① 生地を作る

ボウルに強力粉、塩、砂糖、ドライイーストを入れ、水を少しずつ加減を見ながら加える。こねて生地をまとめ、ラップに包んで常温で10分ほど寝かす。

発酵の時間が短いため、半日くらいで硬くなってしまう。できたてを味わって！

② 形を作る

生地をこねながらガス抜きをし、6等分にし、なかになかにと折り込んでいくように丸める。生地を伸ばし、あんこやカレーなど、具をつめる。

③ 加熱する

フライパンにバター（材料外）を熱し、パン生地を焼く。弱火で10分焼き、焦げ目がついたらひっくり返しフタをして、10分ほど蒸し焼きにする。

秘密道具

｛フライパン｝

外はかりっと、なかはもちもち。失敗知らずで簡単においしいパンが焼ける！

たった10分の発酵で美味しいパンができるのは、生地にバターを入れないから。バターには発酵を抑制する効果があり、パン生地の発酵に通常1時間以上かかるのはそのためです。焼く時にバターを使うと、普通のパンに負けない風味に仕上がります。

家事えもん
kajiemon

コーンスープの素と牛乳、チーズでグラタンに！

ふんわりトロトロのクリームグラタンパン

（おいしすぎて）黙って食べたい。しゃべりたくない……
（坂上）

材料（6個分）

・パン生地（112ページ参照）		・牛乳	大さじ4
・鶏むね肉	150g	・オリーブオイル	大さじ1/2
・インゲン	4本	・コーンスープの素	2袋
・とけるチーズ	60g	・塩、こしょう	各少々

作り方

① 具のソースを作る

フライパンにオリーブオイルを熱し、鶏むね肉をほどよく炒め、塩、こしょうを振る。600Wの電子レンジで1分ほど温めて、1cm幅に切ったインゲンを加えて軽く炒め合わせる。 ボウルにコーンスープの素を入れ、牛乳を加えて混ぜ、粗熱をとった鶏むね肉とインゲンを加えてさらに混ぜる。

② 生地を伸ばす

パン生地を6等分にして薄く伸ばす。

麺棒がない場合は、ラップの芯で代用。 真ん中から上、真ん中から下。横にして、真ん中から上、真ん中から下の順で丸く伸ばしていく。

③ 具のソースをはさむ

パン生地に1ととけるチーズをはさむ。

人差し指と親指で作った輪の上に生地をのせ、真ん中をくぼませる。 そこに具をのせて包む。

④ 焼く

フライパンにバター（材料外・適量）を熱し、3を焼く。 弱火で10分焼き、焦げ目がついたらひっくり返しフタをして、10分ほど蒸し焼きにする。

バタコやんからもうひとワザ！

食パンでも同じおいしさが味わえます！

耳をカットした食パンにグラタンのソースをのせ、三角に折り、フォークで端を塞いでから両面を3分ずつ焼けば、ホットサンド風グランタンパンの完成。

しいたけの達人にきいた絶品レシピ

しいたけの味噌マヨネーズ焼き

家事えもん
kajiemon

（かむとスープがしみ出て）しいたけでおぼれたの初めてです　（家事えもん）

材料（しいたけ6枚分）

- しいたけ（傘の部分）……6枚
- 味噌……20g
- マヨネーズ……80g

作り方

① 下ごしらえ

しいたけの石づき(軸)の部分を切り落とす。

142ページのレシピで石づきも使える！

② 味噌マヨネーズを作る

マヨネーズと味噌を8：2の割合で混ぜ合わせたら、しいたけの傘に適量塗る。

③ 焼く

200℃のオーブントースターで約4分焼いて完成。

生産者にきいたおいしいしいたけの見分け方

傘が開いている方が、うま味成分であるグアニル酸が多くおいしい。傘の裏面が白ければ白いほど、新鮮で香りがいい。

生産者のしいたけ達人が教えてくれた、簡単でおいしいレシピ！ 肉厚のしいたけがプルプル、しいたけのスープがじわっとしみだす絶品。クリーミーなマヨネーズと味噌のうま味が一体となって口の中に広がります。

長いもと節分豆で子どももパクパク食べられる

プルプルわらびもち風スイーツ

家事えもん
kajiemon

長いも感あるんです。
あって、ええ感じ
（後藤）

材料（2～3人分）

【わらびもち】

- 長いも……300g
- 砂糖……大さじ4

【きな粉】

- 節分豆……30g
- グラニュー糖……15g

【黒みつ】

- コーラ……90ml
- ガムシロップ……2個

作り方

① もちを作る

長いもをすりおろし、砂糖を入れて混ぜる。ラップをして600W のレンジで5分加熱し、一度取り出して十分かき混ぜてから、さらに1分加熱する。粗熱を取ったらラップを敷いた容器に流し込み、冷蔵庫で1時間冷やす。

手で持つ部分を残して、ピーラーなどで皮をむくと、滑らず、かゆくならずにすりおろすことができる。皮を残した部分は、フォークに刺してする。

② きな粉を作る

節分豆を保存袋に入れて、袋の上からビンなどを転がして細かくつぶし、グラニュー糖を加えて混ぜる。

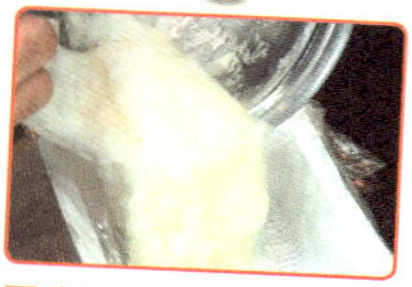

豆腐のパックをとっておき使用すると、後片付けもいらなくて便利！

③ 黒みつを作る

耐熱容器にコーラを入れて、600W の電子レンジで6分加熱する。いったん取り出し、ガムシロップを加えて混ぜ、3分加熱する。かき混ぜて、とろみが足りなければさらに10秒加熱。「10秒加熱・かき混ぜて冷ます」をとろみが出るまで繰り返す。3分30秒ほどが目安。

秘密道具

｛糸｝

糸で切ると、まな板も包丁もいらない。さらにざらざらに切れた断面にきな粉がつきやすくなる。

④ 盛り付け

冷蔵庫の長いもを取り出し、パックから出す。切り分けて2をまぶし、3をかける。

コーラ黒みつは、「10秒加熱・かき混ぜて冷ます」の冷ます時に、氷水の入った容器にのせてかき混ぜると、早く冷めてとろみが出やすくなります。長いもは、1時間以上冷やすと硬くなってしまうので注意してください。

*注　耐熱ガラス容器は急激な冷却で破損することもあるので、要注意。

フレンチトーストの応用で失敗知らず

プリンと春巻きの皮で もちもちバナナクレープ

家事えもん kajiemon

春巻きが嫉妬してますよ!
こっちの方がええんとちゃうって（後藤）

材料（4個分）

- 春巻きの皮 ………… 4枚
- 牛乳 ………… 80ml
- プリン（ゼラチンで固められたもの）………… 2個
- バナナ ………… 1本

作り方

① プリンミルク液を作る

牛乳80ml に、市販のプリン1個を入れて軽く混ぜ合わせ、600Wの電子レンジで1分間加熱する。

ゼラチンで固めたプリンは熱で牛乳に溶けるが、そうでないものは加熱しても溶けないので要注意！

② 浸す

プリンミルク液をバットに移し、そこに春巻きの皮を浸す。

③ 加熱する

2をお皿に巻いたラップの上に移し、ラップのお皿ごと600Wの電子レンジで50秒加熱する。

秘密道具

{ ラップ皿 }

ラップとお皿ラップをしっかりピーンと張って巻き付けるのがポイント。ラップを巻くことで、くっついて破けてしまうことなく、簡単に包むことができる！

④ 包む

3でできあがった生地に、プリンとバナナを入れて、クレープ屋さんのように包む。

クレープの生地の材料は小麦粉、塩、砂糖、卵、牛乳。春巻きの皮の材料は小麦粉と塩。春巻きの皮をプリンミルク液に浸すことで足りない砂糖、卵、牛乳を補い、クレープ生地になるんです。

家事えもん
kajiemon

しょうがと天ぷら粉で、ふっくら新感覚

ジンジャースコーンのクリームチーズ添え

嫌じゃない。ていうか
逆に合う。しょうがが
甘さを引き立てる！
（坂上）

材料（2人前）

・天ぷら粉	200g
・卵	1個
・砂糖	30g
・塩	少々
・しょうが	5g
・牛乳	大さじ2
・ココア（加糖のもの）	大さじ1
・サラダ油	少々
・はちみつ	適量

作り方

① 生地を作る

ボウルに天ぷら粉、卵、砂糖、塩、牛乳を入れてヘラや菜箸などで混ぜる。先に混ぜておくと生地が手につきにくい。生地がヘラなどにつかないくらいになったら手で3分ほどこねる。しょうがをせん切りにして加え、よく混ぜる。生地を2等分し、片方にココアを加え混ぜる（マーブル状になるくらいが目安）。

しょうがは血行を促進する効果があるので寒い時期にピッタリの、ポカポカスイーツに！

② 形を作る

2種類の生地をオーバル状に丸め、斜めにカットし、三角形のスコーン風にする。

③ 焼く

フライパンに薄くサラダ油をひき、弱火で両面それぞれ約6分ずつ焼く。

④ 盛り付け

3をお皿に盛り付け、はちみつをかける。クリームチーズに、みじん切りにしたしょうがを混ぜ、お皿に添える。

クリームチーズ 100g
しょうがのみじん切り 5g

天ぷら粉にはベーキングパウダーが入っているので、簡単にふっくら焼きあがります。さらにバターを使わなくても天ぷら粉のでんぷんが補ってくれるので「中はしっとり外はさっくり」のスコーンの食感を再現。

おうちにあるもので作れて後片付けも楽々

ほうれん草のフォンダンショコラ

家事えもん
kajiemon

いい感じの和洋折衷。ほうれん草がちょっと和の感じも出してて（坂上）

材料（約6個分）

・バター（室温に戻す）	50g
・卵	1個
・ほうれん草（ゆでた葉先のみじん切り）	50g
・生クリーム	大さじ2
・ホットケーキミックス	100g
・板チョコ	1枚（約50g）
・生クリーム	大さじ2

作り方

① 下ごしらえ

ほうれん草を保存袋に入れ、600W の電子レンジで1分加熱し、冷水につけてアクを抜く。 葉先の部分をみじん切りにする。

② ガナッシュを作る

板チョコを保存袋に割り入れ、600W のレンジで30秒ほど加熱し、生クリームを加えて揉むように混ぜて冷蔵庫に入れておく。

③ 生地を作る

ボウルにバターを入れてクリーム状に練り、ホットケーキミックス、卵、生クリームを加えて混ぜ、1を加えて生地になじませる。

④ 生地を型に入れる

生地を型に入れスプーンで押し広げる。冷やしておいた2の袋の端を切り、生地に絞り出し、ガナッシュを包み込むように生地をかぶせる。

⑤ 焼く

600W の電子レンジで約4分加熱する。加熱時間は電子レンジの機種や機能によって違うので、様子を見ながら加熱。

秘密道具

{ 保存袋 }

手間を省き、後片付けを楽にする！
※電子レンジ対応のものを使用。

秘密道具

{ 紙コップ }

3cm の高さで切るとマフィンカップなどのお菓子の型として代用できる。
※電子レンジ対応のものを使用。

ほうれん草の苦みでチョコレートがビターな味わいに。大人から子どもまで楽しめる味です。栄養価が高いほうれん草がスイーツとして食べられるので、野菜嫌いのお子さんにもおすすめです。

余りがちな片栗粉を有効活用

冬に食べたい アイス大福

家事えもん kajiemon

これ、片栗粉でできるの(驚)!?
(坂上)

材料（4個分）

- 片栗粉……80g
- 砂糖……80g
- 牛乳……180ml
- アイスクリーム……200g

作り方

① 材料を混ぜる

耐熱ボウルに片栗粉、砂糖、牛乳を入れ、よくかき混ぜる。

② 加熱

片栗粉が溶けきったら、600W の電子レンジで2分加熱する。いったん取り出し、固まっている部分は崩さずに液体の部分を軽くかき混ぜ、さらに1分加熱する。固まらない場合は、1回30秒を目安に様子を見ながら、固まるまで温める。

この手順を怠ると、中心まで熱が伝わらず、外側だけが固まって、写真のようにドーナツ状になって失敗するので要注意！

③ 皮を伸ばし切り分ける

完成した生地に少し打ち粉（分量外）をして、麺棒で1mm 程度まで伸ばす。15cm角ほどの4等分に切る。

ラップの芯で代用できる！

④ 包む

伸ばした皮にスプーンで丸く型どったアイスを1つにつき50g 分のせ、包む。

冷凍すると皮が固くなってしまうので、できたてを食べてください！ アイスの味を抹茶やチョコなど、お好みのものに変えるなど、アレンジもできます。

おもちとパン粉で

揚げない もちもちリングドーナツ

家事えもん kajiemon

ドーナツとおもちの
いいとこの間くらい
(坂上)

材料（2個分）

【生地】

・もち	25g
・パン粉	40g
・砂糖	15g
・牛乳	大さじ5

【シロップ】

・粉糖	大さじ3
・水	小さじ1

作り方

① 下ごしらえ

もちを5mm幅くらいになるよう細かく刻む。

② 生地を作る

保存袋にパン粉を入れ、ラップの芯を上で転がすようにして細かく砕く。牛乳を加えてしっかりと揉んでなじませる。砂糖と1を加え、味をなじませるためにさらに3分ほど揉む。

③ 加熱

耐熱ボウルに移し、ラップをかぶせて、500Wの電子レンジで2分加熱する。

④ 形を作る

粗熱をとり、ラップの上からタオルをのせて生地を練る。オーブンの天板にクッキングシートを敷き、生地の半分を8等分して丸めたものを、リング状につなげて並べる。

⑤ 焼く

200℃のオーブンで10分焼く。水と粉糖を混ぜて作ったシロップや粉糖をかける。

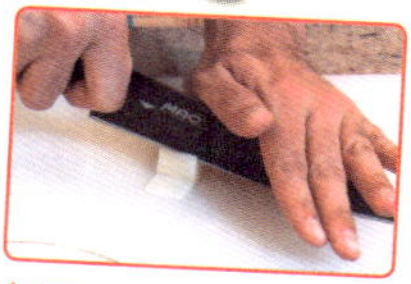

包丁の刃先を固定してテコの原理を利用するとラクラク切れる。

フードプロセッサーがあれば、ここまでの工程がより簡単に。ココアパウダー5gを入れるとココア味の生地もできる。

もちもち食感のドーナツに入っていることが多いタピオカ粉をおもちで代用しました。抹茶パウダーを入れるとおとな味の抹茶ドーナツに。チョコレートをかければバレンタインにおすすめのチョコドーナツになります。

化学の力を生かした得ワザおやつ

マシュマロと生クリームとバターで生キャラメル

これうまい！
口どけがいい
（坂上）

材料（作りやすい分量）

- マシュマロ……100g
- 生クリーム……80ml
- バター……10g

作り方

① 溶かす

フライパンを弱火にかけて、バターを溶かし、マシュマロを加えて、形がわからなくなるまで加熱する。

② 混ぜる

マシュマロが溶け出したら生クリームを加えて、とろみがつくまで混ぜ合わせる。

③ 冷やす

クッキングシートを敷いた容器に移して冷蔵庫に入れ、1時間ほど冷やす。

分量・硬さ・冷やす時間は使うマシュマロによって違うので、様子をみて調整。ゼラチン含有量が少ないと固まらないこともあるので注意！

④ 切る

好みの大きさにカットする。

マシュマロに含まれるゼラチンの性質は、温めると液体に、冷やすと固体になり、コーンスターチは、クリーミーなとろみをつけるのが特徴です。柔らかな食感が再現されたのは、マシュマロに含まれるそれぞれの性質のおかげ。さらに生クリームでミルキーなコクがプラスされ、生キャラメル風に変化！

煮物と片栗粉でヘルシー和スイーツ！

かぼちゃの煮物で絶品みたらしだんご

家事えもん
Kajiemon

これ、弁当にも最高ですわ（後藤）

材料（4本分）

【だんご】

- かぼちゃの煮物 ……… 150g
- 片栗粉 ……… 大さじ2
- 水 ……… 小さじ1

【たれ】

- しょうゆ ……… 大さじ1
- みりん ……… 大さじ2
- 水 ……… 大さじ2
- 片栗粉 ……… 小さじ1

作り方

① 生地を作る

かぼちゃの皮をはずし、保存袋に入れる。片栗粉と水を加えて耳たぶくらいの硬さになるまでこねる。

143ページのレシピで皮も使える！

② 形を作る

棒状に伸ばし、手で丸めて形を整える。

保存袋の中で棒状に伸ばしてサイズをそろえ、袋の端をはさみで切り落として取りだすことで均等に分けられる。

③ ゆでる

沸騰した湯に2を入れて7分ほどゆで、浮いてきたら冷水にとる。

一度冷やすことでだんごが締まり、弾力がうまれる。さらにモチモチ感を楽しみたい場合は氷水に入れて冷やす！

④ たれを作る

水、片栗粉、みりん、しょうゆを中火にかけ、3分ほど煮詰める。

⑤ 仕上げ

だんごを串に刺し、たれをかける。

かぼちゃの煮物に甘みがあるので、たれに砂糖を入れる必要がありません。さつまいもや栗でも応用できます。ゆでて皮を取り、耳たぶくらいの硬さになるよう片栗粉と水の量を調整して生地を作ってください。

得ワザ tokuwaza

火を使わずに化学の力でできる

柿とバニラアイスを使って簡単プリン

料理は化学だな
(坂上)

材料（4個分）

- 柿 …… 200g（約2個分）
- 牛乳 …… 大さじ6
- バニラアイス …… 90g

作り方

① プリン液を作る

皮をむいた柿、バニラアイス、牛乳を、かたまりがなくなり液体状になるまで、1分ほどミキサーにかける。

② 固める

容器に移し、冷蔵庫で約3時間冷やす。

アイスクリームは乳成分量によって、いくつか種類がある。「アイスクリーム」と明記されているものを選んで！

柿に含まれる食物繊維の一種、ペクチンは、バニラアイスや牛乳に含まれるカルシウムに触れると結合してゼリー状に固まるという性質がある。柿に含まれるペクチンは、他の果物と比べてもカルシウムと結合する力が圧倒的に強い。熟した柿は、固まりにくい場合があるので、若くて熟していない柿がおすすめ。

柿の味の成分はとても弱く、バニラにかき消されるので、ほとんど残りません。プリンとバニラアイスは原材料がほとんど同じ。そこに柿の自然な甘みが加わってあっさりとした味に仕上がります。

バターロールとかき氷のメロンシロップで

おうちでできる手作りメロンパン

手作り感満載！
超楽しい！（坂上）

材料（4個分）

- ロールパン……4個
- メロンシロップ（かき氷用）……大さじ2杯
- バター……60g
- 粉砂糖……60g
- 小麦粉……110g
- 卵……適量

作り方

① 飾りの生地を作る

溶かしたバターを入れたボウルにメロンシロップと粉砂糖を入れてかき混ぜる。砂糖が溶けたら、ふるいにかけた小麦粉を少しずつ加えて混ぜる。

② かぶせる

ロールパンにつなぎの溶き卵を塗り、1の生地を4等分したものを手で伸ばし、上にかぶせる。

③ 飾り

ゴムベラなどで網目状の模様をつける。

④ 焼く

アルミホイルをかぶせて、あらかじめ200℃に温めておいたオーブンレンジで10分から13分ほど焼く。

表面が必要以上に焦げるのを防ぐ。

機種によって焼き加減に差が出るので、10分ほどで一度取り出し、焦げていないかを確認しつつ焼き時間を調整。

バターを多く含んでいるバターロールは、オーブンで焼いても水分が飛びにくいため、しっとりとしたメロンパンができあがる。かき氷シロップを違う味に変えると、カラフルなパンが作れます。

左上から時計回りに、カメ（メロンシロップとココアパウダー）、うさぎ（レモンシロップ）、てんとう虫（イチゴシロップとココアパウダー）、ねずみ（オレンジシロップ）。飾りにはチョコレート菓子をお好みで

お麩とチョコで外はパリッとなかはトロトロ

バレンタインにもぴったりな チョコフレンチトースト

家事えもん
kajiemon

事件です！
これはすごい！
（坂上）

材料（8個分）

- お麩 …… 8個
- 卵 …… 1個
- 牛乳 …… 100ml
- 砂糖 …… 大さじ1
- チョコレート …… 100g
- バター …… 適量

作り方

① 生地を作る

ボウルに卵と砂糖を入れ、なめらかになるまでしっかりと混ぜる。さらに、牛乳を加えて混ぜる。お麩を入れ、全体にしっかり卵液をかけ、20分おく。

はちみつやメープルシロップでもおいしい！

② 焼く

フライパンにバターを溶かし、1を焼く。両面に焼き色がついたら、粗熱をとる。

強火だと、なかまで火が通らないうちに、外側が焦げてしまうので、中火・弱火くらいで。

③ チョコレートを溶かす

粗めに砕いたチョコレートをドライヤーの温風で溶かす。

秘密道具

{ ドライヤー }

チョコレートの湯せんは、溶けるのに時間がかかったり、なかにお湯が入ってしまったりと、何かと面倒。そんな作業を簡単に。時間短縮もできる！

④ コーティング

バットなど、高さのある容器にラップを張り、その上にクッキングシートをのせる。粗熱をとったお麩のフレンチトーストの真ん中にピックを刺し、チョコレートをたっぷりつけたものを並べていく。

⑤ 冷やす

冷凍庫で10分冷やす。

パンよりも卵液が浸み込みやすいお麩を使うことで、よりトロトロの食感を実現しました。さらにチョコレートでコーティングしているので、外はパリッ！ なかはトロトロ！の今まで食べたことのない新食感に！ バレンタインにもおすすめです。

火を使わないのでとっても手軽

かぼちゃとヨーグルトでプリン

得ワザ
tokuwaza

パーフェクト！ おこちゃまからおとなまで。みんなに食べてほしい！ (坂上)

材料（約8個分）

- かぼちゃ …… 1/4個
- 砂糖 …… 80g
- プレーンヨーグルト …… 100g
- ゼラチン …… 5g
- お湯 …… 50ml

作り方

① 下ごしらえ

かぼちゃのわたをとってラップをし、500Wの電子レンジで5分温める。ジッパー付きの保存袋に温めたかぼちゃを移し、皮ごとつぶす。すりつぶしすぎない程度がおすすめ。

熱くなっているので、タオルの上から。

② 混ぜる

ボウルに1、ゼラチンをお湯で溶かしたもの、砂糖、ヨーグルトを加え、混ぜる。

③ 冷やす

型に入れ冷蔵庫で1時間冷やす。

かぼちゃのつぶし具合により、冷やす時間が変わるので、様子をみて時間調整。

ヨーグルトに含まれる乳酸菌が、かぼちゃの甘みやうま味を引き出してヨーグルトの酸味をおさえ、乳成分が牛乳の代わりとなって味をまろやかにします。そしてゼラチンを使うことで蒸して固める工程を省くことができるんです！

Column

歯ごたえシャキシャキ

しいたけの石づき貝柱風炒め

家事えもん kajiemon

これから絶対
石づき捨てません
（家事えもん）

▶材料（2人分）

- しいたけの石づき（軸）……6本
- 和風だし（顆粒）……小さじ1
- ゴマ油……小さじ1

▶作り方

① 116ページで、メインの料理に使って捨てずにとっておいたしいたけの石づき（軸）を輪切りにして、油をひいたフライパンで中火で炒める。
② きつね色になったところで和風だしを入れる。
③ 仕上げに香りづけでゴマ油を入れ完成。

生産者のしいたけの達人に教えてもらった、ムダなくおいしく使い切るレシピ。歯ごたえシャキシャキ、ゴマ油の香りが香ばしくて、本当においしいです。

余った食材でもう一品！

メインの料理を作って余った部分もムダにしません。
こちらもおいしくい食べられるんです！

かぼちゃの煮物の皮とバニラアイスで

クッキー＆クリーム風アイスクリーム

家事えもん Kajiemon

▶材料（2人分）

・かぼちゃの煮物の皮 ……………… 20g
・バニラアイス ……………………… 100g

▶作り方

①かぼちゃの煮物の皮をみじん切りにする。
②バニラアイスと混ぜる。
③冷凍庫で約10分冷やす。

皮の硬さがクッキーの食感を生み出すので、煮崩れして柔らかくなった煮物の皮は避ける。割った時、きれいに皮の断面が見えるくらいの固さがベスト。

ひと晩冷やすと皮がよりクッキー食感に！

濃厚なバニラアイスの方がかぼちゃの皮の風味を甘みで打ち消し、よりおいしく仕上がる。

人間の舌は甘みより冷たさを強く感じるので、アイスの冷たさでかぼちゃの皮の甘みは感じず、食感だけが残ります。

「三ツ星タマリエ」の資格を持つ

卵のスペシャリスト タマミちゃんが教える卵料理のテクニック！

タマミちゃん
tamamichan

いつもの卵で高級ホテルの朝食のような濃厚・きれいな目玉焼き

▶作り方

① 卵はザルに割る。 水っぽく味が薄い卵白は下に落ち、濃厚な味の卵白だけを取り出すことができる。

② フライパンに油を入れ、そこに塩を振る。 塩が均等に行き渡る秘訣。

③ 白身の味が水っぽくなってしまうのを防ぐため、水を入れず、フタをして弱火で焼く。

④ 最後にフタを外し、軽く水分を飛ばす。

生卵を前日に冷凍しておけば、翌朝、濃厚クリーミーな卵かけごはんができる

▶作り方

① 卵を冷凍する。 冷凍するとなかの水分が膨張し、殻が割れるため、袋や容器に入れて冷凍庫に入れる。

② 殻をむき、皿にのせてラップをし、500W の電子レンジで50秒加熱し解凍する。まれに黄身が破裂してしまうことがあるので、時間に余裕のある方は自然解凍がおすすめ。

③ 卵の白身と黄身を分ける。 卵白を先にご飯と混ぜる。 黄身を落とし、しょうゆをかける。 黄身をお好みで崩しながら食べるのがベスト！

最初に卵白をご飯に入れてかき混ぜるとご飯がフワフワのエアリー状態になるんです。卵は殻に「気孔」という空気の通り道があり、匂いを吸収するので、冷蔵庫の奥にパックのまま保存するのがおすすめ。

Cooking Skills

スピードアップ！おいしさアップ！の料理ワザ

ちょっとしたコツでぐんとおいしくなったり、時間短縮になったり。そんな日々の料理作りを応援する「得ワザ」集めました！

ひと工夫で簡単に！

パサパサしがちな鶏むね肉を柔らかくおいしくする方法

肉えもん
nikuemon

秘密道具

{ 包丁 }

牛肉の場合、“叩いて柔らかくする”が常識だが、鶏肉は水分が非常に多く含まれているので、叩いてしまうとその水分（ドリップ）がどんどん流れやすくなってしまう。そこで登場するのが包丁。ある法則に従って切れ目を入れていくのだ。

鶏むね肉は低カロリー・高タンパクな上にお財布にやさしい優秀食材。でもパサパサの口当たりが好き嫌いの分かれるところ。そんな鶏むね肉を切り方のコツでジューシーに！

手順

① 切る前に、まず繊維の方向を確認する。

② 鶏むね肉は繊維の方向がバラバラに入っているため、まずはその方向ごとに切り分ける。

③ それぞれを繊維を垂直に断ち切るように切っていく。

鶏のむね肉は、繊維を断ち切ることで、1本1本の繊維が短くなり、パサパサした食感がなくなって、フワフワの柔らか食感になります。お箸でも簡単に切ることができます。

おいしく作るためのワザがつまった

初心者OK家事えもん流
本格パラしっとりチャーハン

材料（作りやすい分量）

- ・ご飯……300g
- ・卵……2個
- ・ラード……大さじ2
- ・酒……大さじ2
- ・塩、こしょう……各少々
- ・中華だし……小さじ1/2

作り方

① 下ごしらえ

ボウルに粗熱を取ったご飯を入れ、ラードを加えてなじませる。さらに酒も加え、混ぜ合わせる。

② ご飯を炒める

1を油をひかずにフライパンに入れて炒める。塩、こしょう、中華だしで味付けをし、フライパンから降ろす。

③ 卵と合わせる

フライパンに溶き卵を入れ、素早くかき混ぜ、2を加えて軽く炒める。

お米のぬめりをコーティングし、パラパラに仕上げる効果がある。

お酒を加えることでご飯の甘みが増す。

ご飯にラードをなじませているので油はいらない。

家事えもんが目指すのは、高級中華料理店のような、パラッとしていて口に入れるとしっとり、の絶妙なチャーハン。火を入れる前にご飯にラードをかけることで、油がごはんに行き渡る状況を作り、ご飯のぬめりをコーティングしてパラパラに仕上げる効果も。そしてご飯と卵を別々に炒めることで、卵にどんどん火が入ってカサカサのチャーハンになってしまうことなく、しっとりと仕上がります。

余った冷やご飯を使って、5分で簡単ホワイトソース

得ワザ
tokuwaza

材料（作りやすい分量）

- 冷やご飯……200g
- 牛乳……400g
- 塩、こしょう……各少々

作り方

① 煮る

冷やご飯と牛乳を鍋に入れ、煮立たせる。ご飯がしっとりしてきたら、火を止め粗熱を取る。

② すりつぶす

1をミキサーに入れ、ご飯の粒がなくなるまですりつぶす。

③ 味付け

塩、こしょうなどで味を調える。

冷やご飯と牛乳の割合は、1：2 。冷やご飯お茶碗1杯でグラタン2人前のホワイトソースが作れる。

アレンジレシピ

このホワイトソースにホットケーキミックスを混ぜて油で揚げれば、モチモチのドーナツに！

通常はコクを出すためにバターを入れますが、冷やご飯に含まれるでんぷんでコクが十分に出ます。グラタンやクリームコロッケ、ドリアにも使えます。

協力・武田真由美

得ワザ tokuwaza

フライとお味噌汁にして余ってしまいがちなレタスをおいしく食べる

材料（作りやすい分量）

・レタス	4〜5枚
・豚バラ肉	4〜5枚
・塩、こしょう	各少々
・小麦粉	少々
・パン粉	少々
・卵	1個

作り方

① 下準備

ゆでたレタスを氷水に入れ、水分を切る。

② 巻く

1のレタス1～2枚を重ね、棒状になるように強く巻いていく。

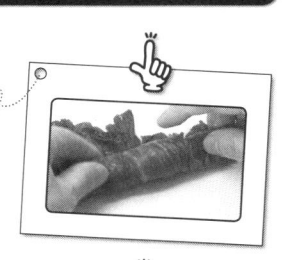

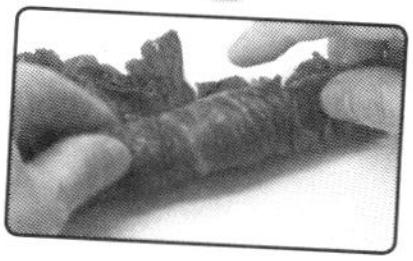

③ 豚バラを巻き付ける

豚バラ肉1～2枚に塩、こしょうで下味をつけ、2に巻きつけていく。

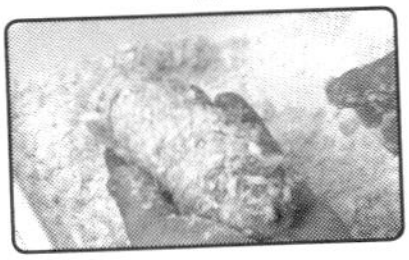

レタスを内側に入れるので、火が通りにくく、シャキシャキ感が残る！

④ 揚げる

小麦粉、溶き卵、パン粉をつけて油で揚げる。

きつね色に揚がったら完成。お好みでソースなどをつけて食べる。

レタスの味噌汁

完成した味噌汁に仕上げのタイミングでレタスを手でちぎって入れる。包丁でレタスを切ると切り口が酸化し早く傷むが、手でちぎると酸化を防いでおいしく食べることができる。

生産者に教えていただいたレシピです。フライは豚バラで巻いている上、揚げているのに、レタスのおかげであっさり味に。レタスに含まれているラクチュコピクリンという苦みの成分は、加熱することによって減少し、甘みが際立ってきます。甘みを増したレタスと味噌との相性も抜群です。

得ワザ
tokuwaza

じゃがいもの皮を一瞬でむくには、ゆでる前に切れ目を入れ、ゆで上がったら氷水に入れる

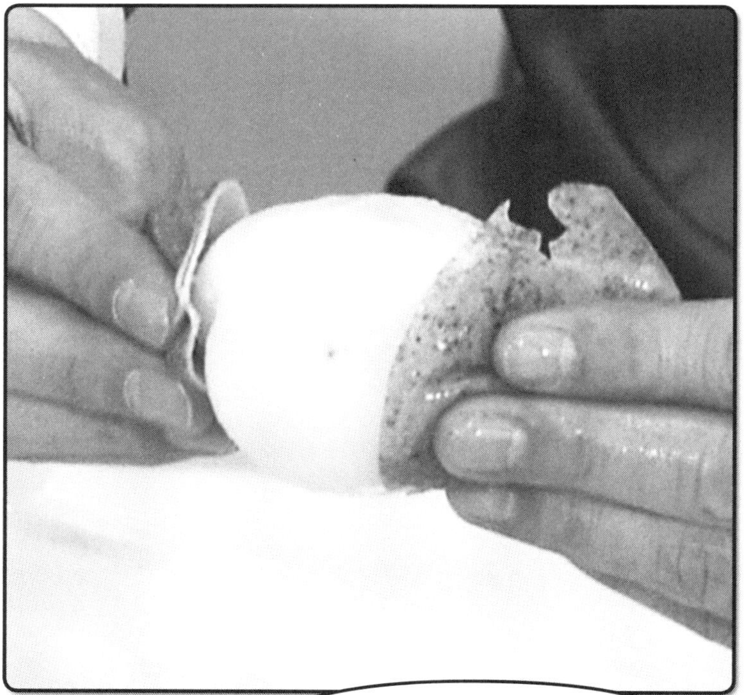

形がいびつなじゃがいもの皮むきは意外と大変。しかしこのテクニックを使えばあっという間に皮をむくことができる！

手順

① 深さ1mmくらいの切り込みを1周入れる。

② じゃがいもをゆでる。

③ 氷水に10秒間入れる。

④ じゃがいもの皮を両端から引っ張り、皮をむく。

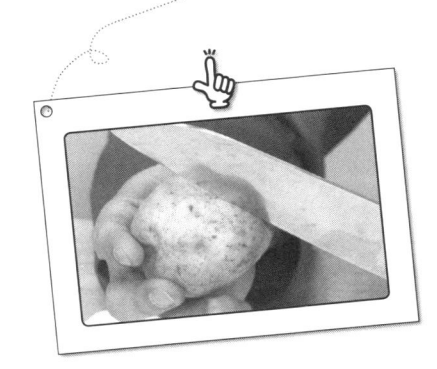

芽までは取れないので、
取り除くことが必要。

じゃがいもをゆでることで身の部分が膨張し、冷やすことで収縮されます。これによって皮と身の間にすき間ができて、はがれやすくなります。里いもでも同様にむけますよ！

玉ねぎの皮は切り込みを入れチンするだけでツルンとむける

得ワザ
tokuwaza

手順

① 玉ねぎの上下を切り落とす。

② 縦に1カ所 2～3mmほどの切り込みを入れる。

③ 耐熱容器に入れ、500W の電子レンジで2分間加熱する。

④ 切り込みを入れた部分から皮を一気にめくる。

温めることで玉ねぎの水分が膨張し、実も同時に膨らむ。水分の膨張によって、元々くっついていた実と皮の間に隙間が生まれるので、皮がツルンとむけやすくなる。温めすぎに注意！

玉ねぎを切ると飛び散る、硫化アリルという目をしみさせる原因になる成分は熱に弱く、電子レンジで加熱することでなくなるため、切っても目が痛くなりません。ハンバーグやカレーなど、加熱する料理におすすめ。一度加熱しているので時短にもなります。

にんにくはボウルを合わせ10秒間振るだけで皮が簡単にむける

得ワザ
tokuwaza

手順

① にんにく丸々1つを1粒ずつにバラす。

② 粒ずつにしたにんにくをボウルに入れる。

③ もう1つのボウルを隙間がないようにかぶせ、10秒間振る。

直径20cmほどのボウルが振りやすい。ボウルが2つない場合は、空き瓶に入れて、しっかりとフタをする。片手に収まるサイズの空き瓶が振りやすくておすすめ。

ゆっくり10秒、数えたくらいで。

にんにくの表面をよく見てみると表面がつるつるではなく 少しデコボコしています。ボウルの中で振られることで粒同士がぶつかり、デコボコしているからこそ、より摩擦力が生まれ、簡単に皮がむけるというわけです。にんにくに触らないので手に臭いもつきません。

トウモロコシを電子レンジで加熱して振ると簡単に皮が取れる

得ワザ
tokuwaza

10種類以上のトウモロコシを育てるスペシャリストの生産者直伝。トウモロコシの皮が一瞬でむけ、しかもゆでるよりもおいしくなる、まさに一石二鳥のテクニック！

手順

① 皮付きトウモロコシを500～600W の電子レンジで5分加熱する。

② 根本から2cmの部分を切り落とす。

③ ヒゲの部分を持って下に振る。

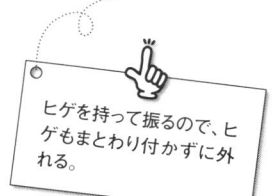

生産者に聞いたトウモロコシの得知識

●トウモロコシは頭（先）よりお尻（根本）の方が甘い。
●ヒゲがフサフサの方が実が多く詰まっている（ヒゲの数と実の数が同じ）。
●5日程度で糖度が半減するため、早く食べた方がおいしい。

ヒゲを持って振るので、ヒゲもまとわり付かずに外れる。

温めると、皮と実の間に隙間ができ、その水分でツルっと外れる　。

トウモロコシは、ゆでるとビタミンやミネラルの一部が湯に溶けだしたり、ビタミンの一部が熱で減少したりしてしまいます。また同時にうま味成分も流出してしまいます。さらに長時間ゆでるなど、ゆで方を間違えると、水っぽくなることもあります。

大根の皮は包丁を使わなくても親指で簡単にむける！

得ワザ tokuwaza

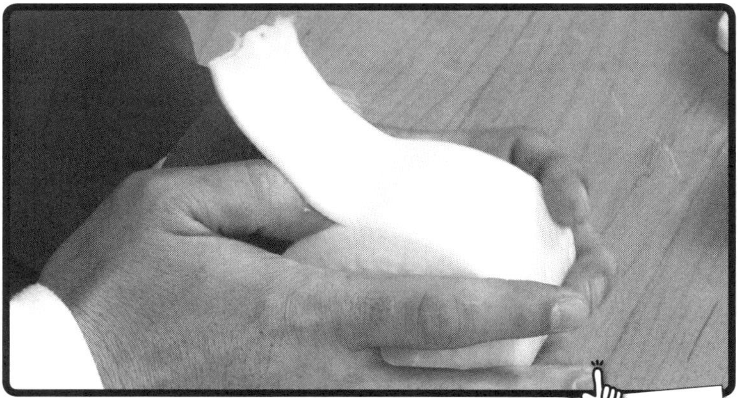

手順

① 大根を5cm程度の幅に切る。

② 大根の皮と身の境目までつまようじを刺し、皮に溝を作る。

③ 溝の両端に親指を入れ、皮と身の間に指が入ったら、指を滑らせるように一方向に押す。

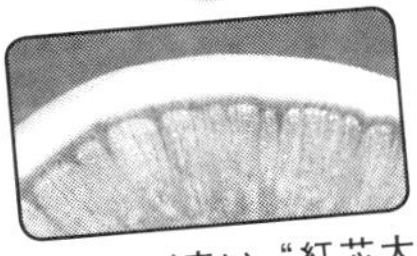

真ん中が赤い“紅芯大根”で説明すると、この部分。厚さでいうと3mm程度の場所。

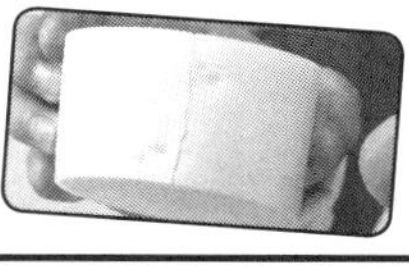

大根には皮と身の間に“筋”という部分があり、筋と身の間には水分のすき間があるので、そこに指を入れると簡単にむけます。ちなみに、にんじんやごぼうには“筋”がないので、この方法ではうまくいきません。

ザルに入れて15秒回して大根の面取り

得ワザ
tokuwaza

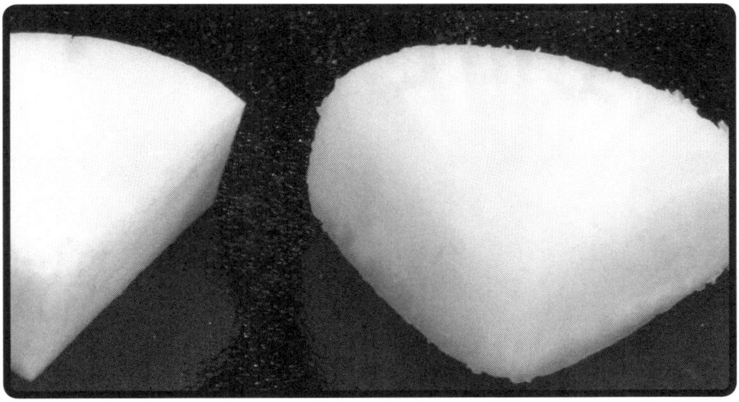

手順

① 大根の皮をむく。

160ページのワザを使えば簡単！

② イチョウ切りにした大根を金属製のザルに入れる。

③ ボウルでフタをして、円を描くようにザルを回す。

水平に、小さく激しく回す。

ザルを使うことで、金属の網目が刃物代わりになり、大根のとがった角が削れます。また、ボウルでフタをし、球体を作ることで、中の大根が回転し、角がまんべんなくザルに当たりやすくなり、面取りができます。この方法で、ふろふき大根のような輪切りの大根の面取りもできます。

さんまの内臓は切り込みを2カ所入れて引っ張るだけできれいに取れる

得ワザ
tokuwaza

脂がのっておいしい秋が旬のさんま。でも、内臓を取るのは面倒な上に、包丁やまな板も汚れてしまう。そんな面倒なさんまの内臓がきれいに取れる方法をご紹介！

手順

① 頭の付け根に切り込みを入れ、骨まで切る。

② お腹の穴の手前に切り込みを入れる。

③ 片手でしっぽを持ち、頭を引っ張る。

包丁を貫通させない。

さんまの頭は、骨と内臓にくっついています。頭の付け根の骨を切ることで、頭には内臓しかつながっていない状態になります。そして、お腹にある肛門の手前で身と内臓を切り離すことで、頭を引っ張れば簡単に内臓が取れるようになります。この方法はいわしにも応用できます。

ゆでたカニは
足の関節を切った後、
振ると一瞬で身が取れる

得ワザ
tokuwaza

カニはなかの身を取り出すのが面倒で食べづらい食べ物の代名詞。特に細い部分はより取りづらい。そんな悩みを解消する、成功率ほぼ100%の気持ちいい方法を紹介！

手順

① ゆでたカニの足の関節、内側1cmのところを両側とも切る。

② 切り口が太い方を下に向けて振る。

ゆでることで身が縮んで、殻との間にすき間ができている。

手首をブレーキ代わりにして止める。

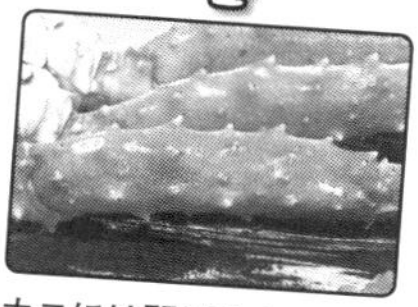

カニには関節と身をつなぐ筋があり、それごと切り落とすことで振るだけで身が取れる。

電車に乗っていてブレーキがかかると体が前にいく。さらに急ブレーキだと、より体が前にいく。そんな、物体は動くとそのまま動き続けるという「慣性の法則」を応用しています。

ゆで卵は卵の上下の部分を割り、上から息を吹き込むと殻からストン！ と

得ワザ tokuwaza

手順

① 卵をゆでる。

② 氷水につける。

③ 卵の上下の殻を割り、直径2cm程度の穴をあける。

④ 上から息を吹き込む。

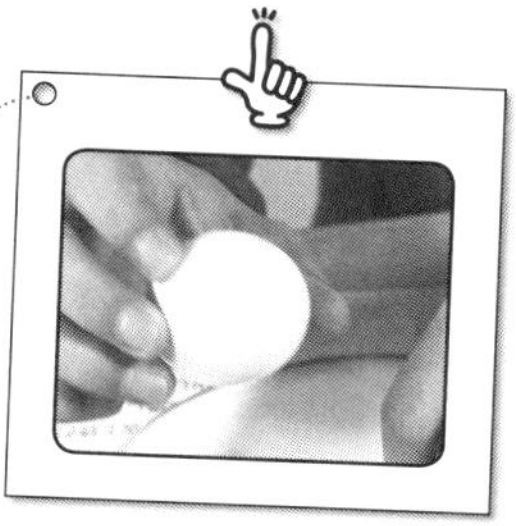

ゆでた卵を氷水に入れて急激に冷やすことで身が収縮し、身と薄皮の間に隙間ができて身がはがれやすくなります。さらに、息を吹き込むことで、ゆで卵のなかを勢いよく空気が通り、殻が一瞬ではがれます。

ゆで卵は、卵にヒビを入れた後にゆでればツルンとむける！

得ワザ tokuwaza

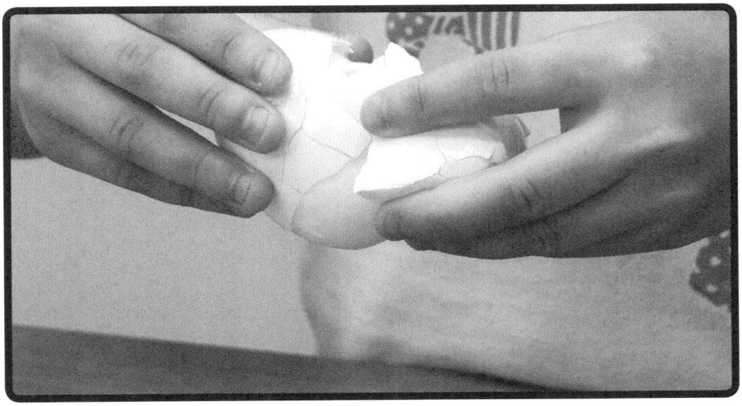

手順

① 卵を立てて入れても沈むくらいのお湯を鍋に入れ、金ザルを入れる。

② 卵のとがっていない方を、スプーンの裏で叩いて殻にヒビを入れる。

③ ヒビが入った卵を鍋へ入れ、ゆでている間に、卵から空気が抜けるように、ヒビを上に向けて並べる。

④ 10分たったら火を止めて卵を取り出し、氷水に30秒つけてから殻をむく。

少ない個数で行う場合は、小さめの金ザルを使う。

卵のとがっていない方には、気室と呼ばれる空洞があるため、少々のヒビでは中身はもれず、できあがりや味にも影響はない。

卵の殻がむきにくいのは、ゆでると白身に含まれる二酸化炭素が膨らんで白身が膨張し、殻にくっつくからです。ヒビを入れて卵をゆでると、そこから二酸化炭素が抜け、白身の膨張を抑えられます。白身が殻にくっつかないのでつるりとむけます。

卵の黄身と白身はペットボトルであっという間に分けられる

得ワザ tokuwaza

手順

① 皿を2つ用意して、片方の皿に卵を割る。

② ペットボトルの中心を握ってへこませる。

③ 上から黄身に優しく触れ、ペットボトルを持つ手を徐々にゆるめていく。

白身は液体状なので、吸い取ろうとしても滑り落ちてしまいます。一方、黄身は卵黄膜という丈夫な膜に覆われているので、吸引されても壊れにくく、そのままペットボトルに吸い込まれます。

*注　ペットボトルの種類によってはできない場合があります。

魚のうろこは ペットボトルのキャップで 簡単に取れる

得ワザ tokuwaza

手順

① 魚をまな板の上に置き、ペットボトルのキャップを尻尾にあてる。

② 尻尾から頭へと小刻みにキャップを動かす。

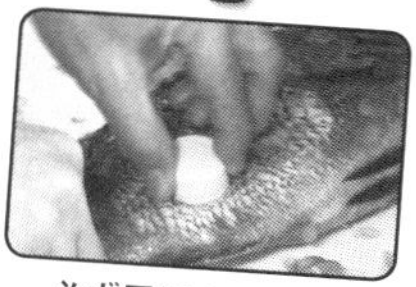

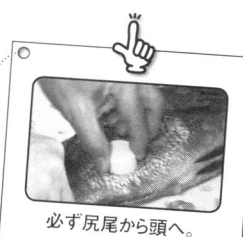

必ず尻尾から頭へ。

包丁は固いため、うろこの固さと反発し合って引っかかってしまいます。ペットボトルのキャップは適度な弾力性があるため、引っかかりにくく、うろこも飛び散りにくいんです。

ささみの筋は割り箸で挟むときれいに取れる

得ワザ tokuwaza

手順

① ささみの筋の先端を、割っていない割り箸の真ん中あたりではさむ。

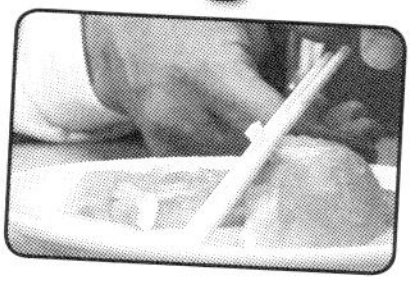

② キッチンペーパーで筋を持つ。

③ もう片方の手で箸を持ち、筋を引っ張りながら箸を前後に動かす。

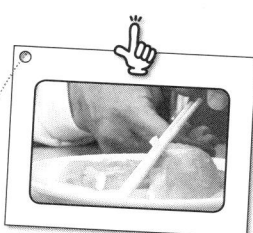

のこぎりみたいな要領で。

ささみはすべりやすい上に、筋と身が複雑に絡まっているため、引っ張って筋を抜こうとしても、力がうまく伝わりません。筋を割り箸で固定することですべりにくくなり、力がきちんと伝わり、きれいに取れます。

時間がかかる豆腐の水抜きがたった3分で完了！

家事えもん
kajiemon

手順

① 豆腐を2枚重ねにしたキッチンペーパーでくるむ。

② 500W の電子レンジで2〜3分加熱。

キッチンペーパーは、電子レンジ使用可のものを使う。

炒め物や和え物の衣に使う時、ベタつきを防ぐために必要な豆腐の水抜き。通常は重しをして30分置いてと何かと手間がかかる作業ですが、この方法だと簡単スピーディーに！

冷凍パイシートで、サクサク！スピードクロワッサン

バタコやん
batakoyan

生地材料（6～8個分）

- A ホットケーキミックス……50g
  - 牛乳……大さじ1
  - 溶かしバター……大さじ1
- 冷凍パイシート……1/2枚（80g～100gほど）

作り方

① 生地をこねる

保存袋にAを入れて揉む。クッキングシートを敷き、冷凍パイシートを置く。その上にまとめた生地をのせる。

袋のなかで生地をまとめる。

生地がキレイにまとまらなくても、パイシートで包んでしまえば問題なし！

② 生地を伸ばす（1回目）

生地を包み込むように折り込んで三つ折りにし、伸ばす。麺棒がない場合はラップの芯で代用。

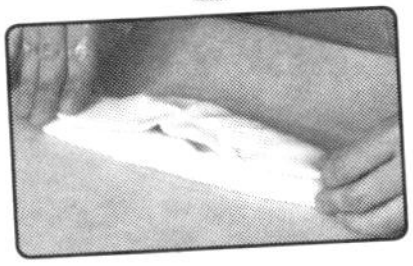

③ 生地を伸ばす（2回目）

さらに折り込んで三つ折りにし、長方形になるように伸ばし、三角形に切る。

④ 具を入れる

お好みの具材をのせて巻く。

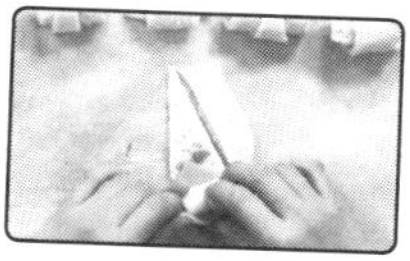

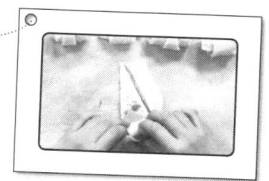

⑤ 焼く

牛乳（分量外）を表面に塗り、予熱をした魚焼きグリルにホイルを敷いて並べ、くしゃくしゃにしたホイルをかぶせて弱火で10分焼く。ホイルを外して表面に焼き色がつくまでさらに2分ほど焼く。

魚焼きグリルで焼くときの注意点は、85ページをチェック！

お好みの具材を巻いて、食事系からスイーツまで、さまざまなアレンジが可能です。

ハムチーズ

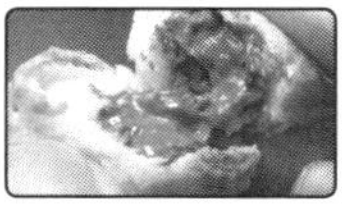

チョコレート

とんかつは卵と小麦粉の代わりにマヨネーズで簡単に作れる

得ワザ tokuwaza

とんかつを作るには、小麦粉、卵、パン粉をつけ揚げるという、いくつもの工程が必要で、手も汚れてしまう。それがどこの家の冷蔵庫にもあるマヨネーズを使えば簡単に！

作り方

① 豚肉に下味をつける。

② 下味をつけた肉の片面と側面にマヨネーズを塗る。

コクやうま味を与え、よりおいしく仕上がる。

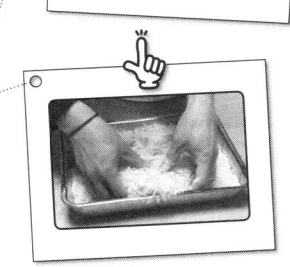

③ パン粉を敷き、マヨネーズを塗った面を下にしその上に置く。

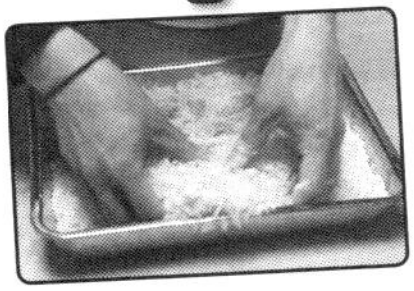

④ 上の面にマヨネーズを塗り、その上からパン粉をかける。

これで揚げる前の工程が完了。手も汚れず、短時間でできる。

⑤ きつね色になるまで5～6分揚げる。

加熱することによって、マヨネーズに含まれるお酢の酸味は飛んでしまうので、ほとんど残らない。

とんかつを作る時、小麦粉は肉と衣を密着させる役割、卵にはパン粉をはがれにくくする役割があります。マヨネーズはクリーム状なので、肉と衣が付きやすく、材料に卵が使われているので、小麦粉と卵、両方の役割を果たしてくれます。

手早く本格イタリアンができる！作り置き にんにくオリーブオイル

イシバシハザマ
ishibashi hazama

▶材料：にんにく … １個、オリーブオイル … 浸るくらい

作り方

① にんにくをみじん切りにする。

② にんにく全部が浸るくらいにオリーブオイルを入れる。

にんにくのうま味のエキスが溶け込み、風味が増す。しっかり密閉すれば冷蔵庫でひと月保存可能！

にんにくオリーブオイルで作る3品

- バゲットに塗って塩を軽く振り、オーブンで焼くと本格イタリアンバゲット！
- 切った豆腐とスライスしたトマトにかけて塩、こしょうを軽く振ると豆腐カプレーゼ！
- フライパンで熱し、アジの干物を焼くとイタリアンな焼き魚！

元料理人の芸人・イシバシハザマ石橋が紹介したレシピです。にんにくはフライパンで炒めると風味が熱で飛んでしまいますが、オリーブオイルに溶け込んだにんにくのうま味は熱で飛びづらく、風味を活かせます。

ふりかけをかけると コンビニのサラダが何倍も おいしくなる

得ワザ
tokuwaza

手順

① コンビニのサラダにふりかけを適量振りかける。

のりたまご味、たらこ味、わさび味など、お好みで。

生産者に聞いたレシピ。コンビニのサラダにドレッシングをかけると、かけすぎてレタスの歯ごたえがなくなり、最後までおいしく食べられないことも。そんな時、ふりかけをかけると、ふりかけの固さとレタスのシャッキリ感がマッチ！ 歯ごたえを残したままおいしく食べられる。いろいろ試して、好みの組み合わせを探すのも楽しい！

お菓子作りに使うハケをおうちにあるもので簡単手作り

家事えもん
kajiemon

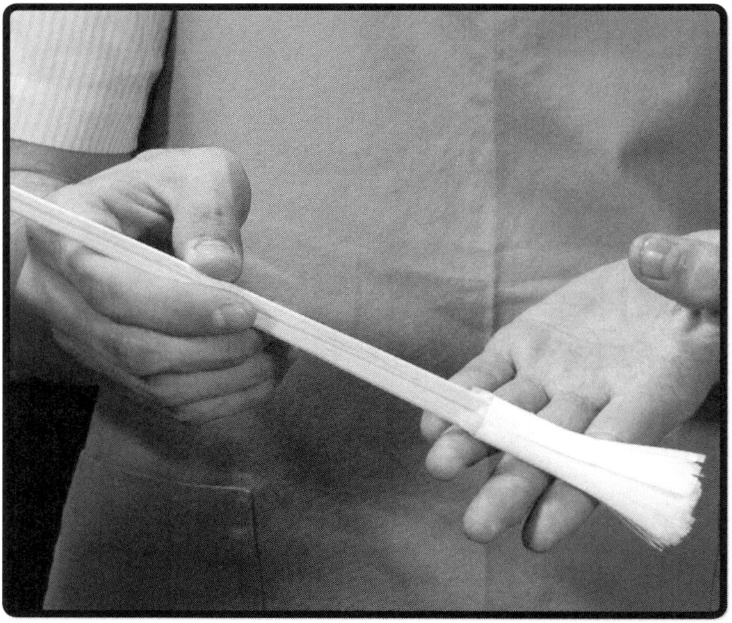

▶必要なもの：クッキングシート、はさみ、割り箸、テープ

使用頻度の高くないお料理道具は、
手作りして使い捨てが便利！

手順

①
クッキングシートを
10cmくらいの幅に切り、
半分に折りたたむ。

②
今度は逆方向に折り、
さらに同じ方向に
もう一回折る。

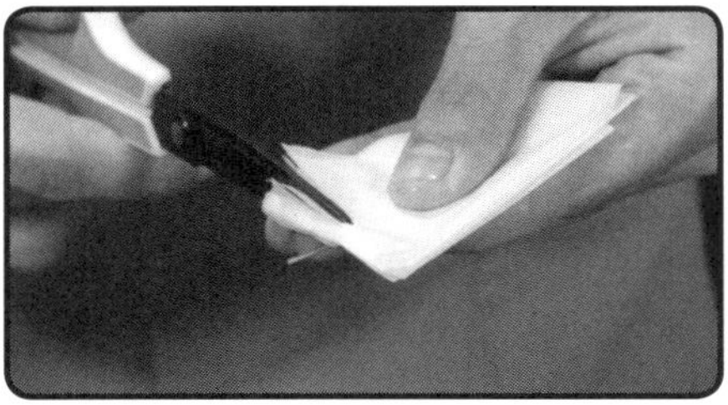

③
折り目の方を、
はさみで縦に切っていく。

④
割り箸にくるっと巻き、
テープで留める。

Column

パラパラチャーハンを作るワザはほかにもあります!!

主婦ワザ「ご飯を水洗いする」

① ご飯を水で軽く洗い流す。 傷がつくと水分を吸収しやすくなってしまうため、金属のザルではなく、プラスチック製のザルを使うことがポイント。

② すぐに水をしっかりと切り、炒める。

チャーハンがべちゃっとなってしまう原因のひとつは、ご飯の表面を覆うでんぷん質、いわゆる「ぬめり」。ご飯を水洗いすると「ぬめり」が洗い流されて、炒めている時にお米一粒一粒が、くっつきにくくなりパラパラに！

主婦ワザ「卵かけご飯にして炒め、たくあんと白ゴマをプラス」

① 「卵かけご飯」を作り、炒める。

② 刻んだたくあんと白ゴマを入れ、炒め合わせる。

ご飯のぬめりが、卵でコーティングされ、炒める時にくっつきにくくなります。さらにたくあんの塩気が味付けとなり、しょうゆなどの液体調味料を入れずに済むので、ベタつきが減ります。白ゴマのプチッとした食感で、よりパラパラ感がアップ！

お寿司屋さんの板前ワザ「酢飯でまかないチャーハン」

① ご飯お茶碗1杯（150g）に大さじ2ぐらいのすし酢を、まんべんなく混ぜ合わせ、酢飯を作る。

② 卵（半熟）、ねぎを入れ、酢飯と炒め合わせる。

すし酢に含まれる酸がお米のぬめりの元のでんぷんが流れ出すのを抑えてパラパラに仕上がります。酸味は熱で飛んでしまうので感じませんが、すし酢を必要以上に入れてしまうと飛びきらず、お酢の味が残ってしまうことがあるので注意が必要です。

Cooking Tips

知って楽しい！ 使って便利！ な料理ネタ

ちょっと信じられないけれど、試してみるとびっくりの効果。つい誰かに教えたくなる、「うそー、ほんとに？」そんなお料理ネタです。

お弁当の中身にラップをしてからフタをすれば偏らない！

得ワザ tokuwaza

手順

① お弁当箱に中身を入れて、ラップをかぶせる。

② ラップの端の余った部分は外に出す。

③ ラップの上からフタをする。

横にストッパーの付いたタイプが密閉度が高くておすすめ。

空気を抜くように密着させる。

空気の通り道をラップで押さえつけ、真空パック的な状態になるため、中身が偏りません。

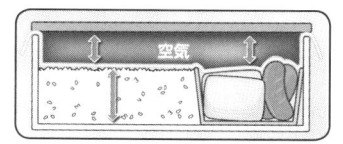

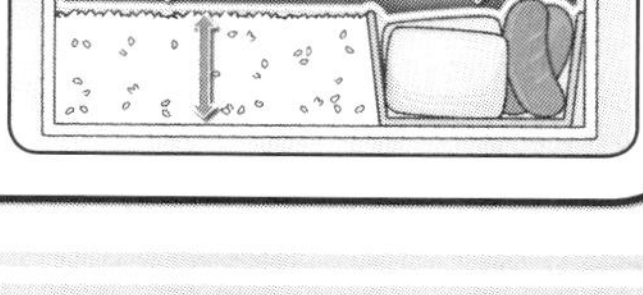

豆乳にサイダーを加えると「飲むヨーグルト」が一瞬でできる

得ワザ tokuwaza

手順

① 豆乳とサイダーを1：1の割合で混ぜる。

サイダーには酸味料が含まれていて、豆腐を作る成分と同じ働きがあるため、豆乳にサイダーを混ぜるとヨーグルトのように固まります。飲むヨーグルトの味で特徴的な、「甘味」「酸味」「うま味」も、豆乳＋サイダーで同じように再現できます。

カップ焼きそばは電子レンジを使えば、生麺のようにふっくらモチモチ！

得ワザ
tokuwaza

手順

① カップ焼きそばにお湯を入れる。

② 表示された時間より1分ほど短い時間でお湯を切る。

③ フタを外して皿に移し、500Wの電子レンジで2分ほど加熱する。

電子レンジを使うので、必ず耐熱皿に。ラップなどはいらない。

電子レンジのなかが水蒸気で見えなくなるのが完成のサイン！

カップ焼きそばを作る時、湯切りをしても余分な水分が残ってしまうことがあります。レンジの高温で一気に加熱したことで、麺に含まれる余分な水分を飛ばすことができ、生麺のようなモチモチの食感に変身します。

茶色くパサパサになったリンゴはオレンジジュースで元に戻る

得ワザ tokuwaza

手順

① 切った後放置して茶色くなったリンゴを、オレンジジュースに漬ける。

② 5分ほど置くと、茶色が抜けて元の色に戻る。

茶色く変色するのは、リンゴのポリフェノールが酸素と結びつくため。

オレンジジュースに含まれるビタミンＣは、ポリフェノールと酸素の結びつきを外す効果がある。

ビタミンＣの効果を使うため、ビタミンＣを多く含む果汁100%のオレンジジュースを使うと効果的です。漬ける時間が5分程度であれば、色や味に影響はありません。食感はむきたてに戻ります。リンゴの劣化度合いによって効果に差が出ます。

安いけど硬いうなぎの蒲焼きは緑茶で煮るとふわふわ！お店で食べる味になる

得ワザ
tokuwaza

材料

- うなぎの蒲焼き……適量
- ペットボトルの緑茶……適量

作り方

① フライパンの上にうなぎの蒲焼きを置く。

② うなぎが浸るくらいまで緑茶を入れる。

③ 緑茶がなくなるまで煮込む。

④ たれを絡める。

油をひく必要はない。

茶葉からいれたお茶だと、タンニンが多く含まれることがあり、うなぎに渋みが残ることがあるので、ペットボトルのお茶の方が適している。 緑茶がない時は無糖の紅茶やウーロン茶でも代用可能。

うなぎに多く含まれるコラーゲンは、調理してすぐは柔らかくても時間がたつにつれ硬くなってしまいます。緑茶に含まれるタンニンにはコラーゲンを溶かして、柔らかくする効果があります。しかも、タンニンはうなぎのタンパク質と結合すると渋みも弱まるのです。

安いバニラアイスに牛脂を混ぜると高級な味になる

得ワザ
tokuwaza

手順

① 牛脂を溶けるまでレンジで温め、茶こしでこす。

カップアイス1個あたり牛脂2個が目安。

② 冷やしたお皿にバニラアイスを盛りつけ、溶けた牛脂を小さじ2ほどかけて混ぜる。

チョコレートや抹茶、ストロベリーなど、どんな味でもOK！

すぐに混ぜ合わせないと牛脂が冷えて固まってしまうので注意。

お手頃価格のバニラアイスには植物性の油、高級なバニラアイスには動物性の乳脂肪が含まれています。牛脂は脂肪の塊なので、乳脂肪の代わりとなってコクを補い、濃厚でおいしいバニラアイスに変身させてくれます。

鼻にツーンときた わさびの辛さはマヨネーズで あっという間におさまる

得ワザ tokuwaza

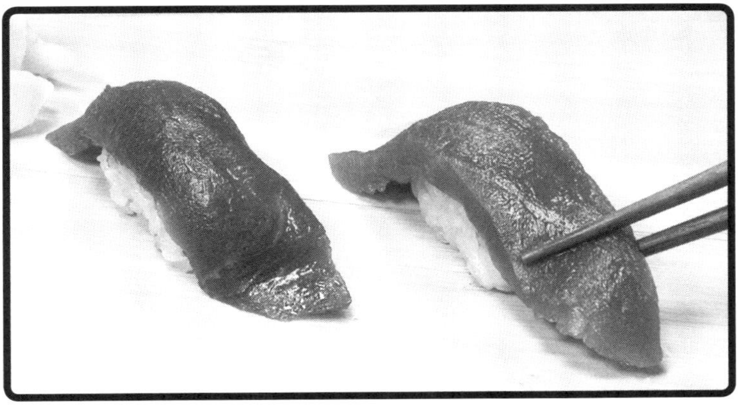

手順

① お寿司やわさび漬けなどを食べてツーンとくる。

② 小さじ1杯程度のマヨネーズをなめる。

人間の舌は辛みよりも酸味やうま味を先に感じます。そのため、マヨネーズを食べれば、その酸味やうま味をすぐに感じるので辛さが抑えられます。さらに、油分が辛さを包み込んでくれるので、ツーンと鼻に抜ける辛みも感じにくくなるんです。

ハンバーガーは糸を使えば簡単きれいに半分にできる

得ワザ tokuwaza

手順

① 糸（裁縫糸）をハンバーガーの下に通す。

② 糸をハンバーガーに1周巻き付け交差させる。

③ 糸の両端をゆっくり引っ張る。

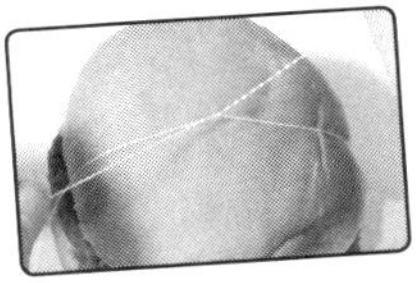

少しだけ縦方向にずらすことにより、糸と糸の間に隙間ができることを防ぎ、きれいに切れる。

真横よりも少し下に引くと、上からかかる力が大きくなり、ハンバーガーが浮くのが抑えられて安定し、崩れにくくなる。

包丁で切ると、上からの一方向からだけ力がかかり、パンが押しつぶされてしまいます。糸を巻き付けることで、周囲から中心に向かって力が均等にかかり、きれいに切れるのです。このワザは、おにぎりや、ゆで卵、ホットケーキなどにも応用できます。

しなびたコロッケは霧吹きしてオーブンに入れるとサクサクに復活！

得ワザ tokuwaza

手順

① 霧吹きで水を両面に2回ずつ吹きかける。

② オーブントースターで5分加熱する。

衣にしみ込んだ水分が蒸発！

しなびたコロッケに水分を吹き付け加熱すると、衣にしみ込んだ水分が蒸発。水分が蒸発した衣のなかには細かな粒状の空洞ができ、この空洞こそがサクサクの食感を作り出します。しなしなになってしまった天ぷらも同じ方法で、サクサクに復活します。

アルミ鍋の黒ずみは みかんの缶詰シロップを 使えば落ちる

得ワザ
tokuwaza

手順

① アルミ鍋にみかんの缶詰シロップを入れる。

② 鍋に黒ずみが隠れる程度の水を入れる。

③ 火を付け、沸騰したらそのまま15分待つ。

④ 水でよく洗う。

シロップに含まれるクエン酸が、アルミ鍋の黒ずみの原因である水酸化アルミの膜を化学反応によって溶かします。みかん自体にもクエン酸が豊富に含まれ、それがシロップに溶け出しているので、クエン酸の効果がダブル！ アルミ鍋の使用状況によって黒ずみの落ち具合は異なります。

振動を与えてしまった炭酸飲料の缶のまわりを5秒間デコピンすると吹きこぼれない

得ワザ
tokuwaza

手順

① 炭酸飲料の缶を10秒間振る。

② 缶の側面をデコピンしながら5秒間回転させる。

振動を与えてしまった状況をつくる。

振動で壁面についた泡がはがれ、泡が缶の上部の気体の部分に移動する。

吹きこぼれの原因は缶にたまる炭酸ガスの泡。振動で缶の壁面にたくさんの泡がつき、フタを開けるとその炭酸の泡が外に出ようとして、一緒に液体も運び出すため、吹きこぼれてしまいます。デコピンすると振動で泡が上部に移動、フタを開けても巻き込む泡がないので、吹きこぼれないのです。

カップ入りプリンは持ったまま体を１回転するときれいに取れる！

得ワザ tokuwaza

崩さずにお皿にあけるのがむずかしいカップ入りプリンが、このワザできれいに、しかも気持ちよくお皿にあけることができる！ 大勢でやると盛り上がること間違いなしの爽快感！

手順

① プリンを器に裏返しにする。

② プリンと器をしっかり押さえる。

③ プリンを持ったまま、勢いよく1回転すればカップからお皿に落ちる。

プリンを斜めにすると成功率アップ！　初速が大切。脇をしめて勢いよく！周囲の安全を確認して、転倒にも注意！

遠心力により、外へ、外へ！という力が働き、プリンが歪んでカップとの間に隙間ができます。そこに空気が入ることで、ストンと落ちます。

紅茶のティーバッグのしずくは紅茶の表面に2秒つけるだけで落ちない

得ワザ tokuwaza

手順

① ティーバッグの底を2秒、紅茶の表面につける。

② カップから取り出す。

ティーバッグの底を紅茶の表面につけると、その境目で水分の表面張力（水同士が引っ張り合う力）が働き、残っていた水分が紅茶の方に引っ張られ、ティーバッグから移動し、しずくが垂れなくなります。

ペットボトルで食べかけの袋を密封できる！

手順

① ペットボトルの飲み口から3cmの場所にカッターで切り込みを入れる。

② そこをはさみで1周切る。

③ 食べかけの袋を飲み口の下から通す。

④ 袋を裏返し、キャップを閉める。

ペットボトルの切り口でケガをしないようにご注意！

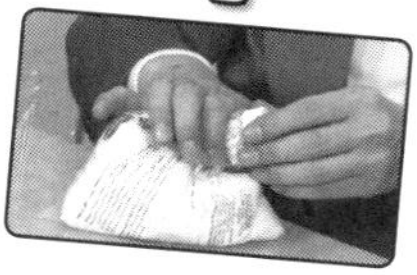

食べかけのお菓子などは、密封しておかなければ、しけてしまったり、カビが生えてしまったりと注意が必要です。梅雨の時期などにはとくに役立ちそうな、製作費0円でできるお得なワザです。袋の材質によっては閉まりにくい場合もあります。

デザイン・寺西恵里子

ペットボトルでちょっと便利なアイスペールができる

得ワザ tokuwaza

手順

① 大きめのペットボトルを2つに切る。

② 飲み口の方を逆さにして2つを重ねる。

このアイスペールは、飲み口のところから水が抜けていき、底に水がたまることがないため、氷が溶けにくく、長持ちします。屋外でも簡単に作れるのでバーベキューなどアウトドアでも便利です。

デザイン・寺西恵里子

< TV STAFF >

チーフプロデューサー	糸井聖一
企画・演出	安島 隆
プロデューサー	滝澤真一郎　倉田忠明　城野麻衣子　三浦佳憲　筒井梨絵　佐藤理恵　米村まどか　山本玲子　岡本 計
演出	吉田雅司　井上 圭　上田崇博　遠山 広　栗原憲也　永井宏幸
ディレクター	安池 薫　福岡隆幸　神野基彦　尾越 功　小川大輔　高橋久直　柳瀬寿明　吉住 理　川村元昭
協力	ザ・ワークス　ザイオン　AXON　極東電視台　てっぱん
アシスタントプロデューサー	森田真由美　城下直子　久保田 聡　加藤正和　加世田菜穂　入江若菜
アシスタントディレクター	河原一貴（書籍担当）　田中英之（書籍担当）　豊田由佳梨　間瀬裕介　長澤佳苗　三田宗一　陳 賛明　中陳陽太　高井絵理花
制作進行	相馬令子　山脇 瞳
デスク	本郷 直
フードコーディネーター	時吉真由美　尾身奈美枝　時吉りえか　渋澤雪絵
リサーチ	野村直子　飯田美子　佐々木辰哉
書籍担当プロデューサー	倉田忠明　山脇 瞳

< 書籍 >

企画構成・編集	北 智津子
BOOK デザイン	カワチ コーシ
料理制作&スタイリング	時吉真由美 時吉りえか
写真	千葉 諭
企画編集協力	将口真明 （日本テレビ）

「あのニュースで得する人 損する人」

日本テレビ系列　毎週木曜よる7:00～ 放送
司会：フットボールアワー 後藤輝基、羽鳥慎一
レギュラー出演者：坂上忍、平成ノブシコブシ 吉村 崇
★料理・そうじ・収納など、暮らしで得する情報をラクに学べる情報バラエティ番組
www.ntv.co.jp/tokuson/

得する家事

家事えもんと仲間たち
「みんな得する家事ワザ」大全集

2016年4月1日　第1刷発行
2016年4月19日　第4刷発行

「あのニュースで得する人 損する人」編

発行者　石﨑 孟
発行所　株式会社マガジンハウス
　　　　〒104-8003 東京都中央区銀座3-13-10
　　　　　書籍編集部　☎03-3545-7030
　　　　　受注センター　☎049-275-1811

印刷・製本　中央精版印刷株式会社

©2016 NTV, Printed in Japan
ISBN978-4-8387-2845-9 C0077

乱丁本・落丁本は購入書店明記のうえ、小社制作管理部宛にお送りください。
送料小社負担にてお取り替えいたします。
但し、古書店等で購入されたものについてはお取り替えできません。
本書の無断複製(コピー、スキャン、デジタル化等)は
禁じられています(但し、著作権法上での例外は除く)。
断りなくスキャンやデジタル化することは著作権法違反に問われる可能性があります。
定価は表紙カバーと帯に表示してあります。

マガジンハウスのホームページ　http://magazineworld.jp/